Du même auteur :

Un printemps au goût amer, roman, *Éditions Dricot, 2004.*

L'entre saisons, roman, *Éditions Dricot, 2006.*

Bellecourt, l'âme d'un village, recueil, *Éditions Provinciales du Hainaut, 2006.*

Petit Crayon Bleu, conte illustré, *Éditions Jeune Lune, 2007.*

Petit Crayon Bleu et ses amis, conte illustré, *Éditions Jeune Lune, 2007.*

Claudine DEPREZ

FAÇADE

Tranches de vie

RECUEIL

éditions dricot

Imprimé en Belgique.

D/2008/1826/11

ISBN : 978-2-87095-360-0 EAN : 9782870953600

Les Editions DRICOT, place de la Résistance, 12 – B-4020 Liège,
diffusent leur production en Belgique, en France et au Grand-Duché de Luxembourg.

http://www.dricot.be – e-mail : info@dricot.be

Portraits, médisances, cancans, hypocrisie
et autres petites vacheries...

A Véronique pour ce clin d'œil

La témérité des jugements que nous portons sur les autres est en raison directe avec les illusions que nous avons sur nous-mêmes.

Théophile Funck-Brentano

Remerciements et chaleureuses félicitations
à Antonio Riggi,
mon dessinateur depuis l'an 2000.

Énorme merci à Francine Mainil-Coumans,
amie et efficace correctrice

Préface

Ce recueil de tranches de vie, à l'humour grinçant, rassemble un panel de situations et de portraits sur les préjugés[1], les mensonges, la médisance[2] et les « à priori ». L'auteur pose un regard sans concession sur les travers et petites manies. Elle force le trait, accentue la caricature afin de mieux dénoncer les mesquineries résultant parfois d'une éducation obsolète.

1 Préjugé : opinion préconçue, imposée par le milieu ou l'éducation, ou due à une généralisation hâtive à partir d'un cas particulier.

2 Médisance : dire du mal de…

Prologue

J'ai rêvé d'une tour immense. Elle se dressait au-dessus d'une forêt dense. Son aspect rébarbatif n'était guère attirant mais je voulais, malgré tout, aller vers elle. Les branches d'arbres de la forêt s'écartaient sur mon passage comme une invitation à continuer mon chemin difficile. La tour paraissait immense, inviolable, aucune ouverture vers l'extérieur, ni ombre ni lumière. De la mousse verdâtre dégoulinait entre ses moellons noircis. Cette tour étrange et laide m'intriguait et m'effrayait tout à la fois.

J'avançais en direction de cette façade sans attrait, mal entretenue. Une lourde porte rouillée la garnissait. Surmontant ma répugnance, je contournai l'édifice par la gauche. Je voulais percer le mystère de cette tour inhospitalière.

Et pour tout avouer, j'étais curieuse de ce que je pouvais y découvrir.

Tout à coup, le sentier s'élargit et je fus enveloppée d'une agréable fraîcheur printanière. J'atteignais la façade sud. Ce que je vis me stupéfia : un jardin luxuriant entourait une verrière accotée au mur édifié en moellons d'un joli gris. Une douce atmosphère chaleureuse m'attirait. L'ensemble, irisé de mille reflets chatoyants, dégageait une sorte d'invitation amicale. Une clématite grimpait allègrement vers les multiples croisées largement ouvertes.

La façade sud de la tour offrait un bien meilleur accueil que la façade nord. Je découvrais l'envers du décor : un côté coloré, accueillant, ouvert aux visiteurs tout en gardant une certaine réserve.

Je persistais à poursuivre ma quête de découvertes sur la face cachée de cette tour qui m'était apparue si désagréable au premier regard. J'avais hâte d'y entrer afin de mieux la connaître quand… j'aperçus ma silhouette et mon visage dans la porte vitrée. Mon rêve se terminait.

« Garde-toi de juger sur les apparences » semblait me dire cette tour symbolique. J'y pense lorsque je me laisse aller à des jugements hâtifs, ce que nous voyons peut parfois cacher une autre réalité.

Merci Yolande, tu sais pourquoi.

Claudine

Fable satirique

Le Coucou et l'Oiselle Blanche

Ils étaient faits pour se rencontrer :
Lui, le coucou squattant le nid d'autrui.
Elle, l'oiselle blanche gobant tout ce qu'un mâle dit.

Le coucou est prévoyant,
il ne quitte jamais un nid
sans avoir longuement repéré le suivant.
L'oiselle est peu modeste,
elle se dit pure et vierge,
elle n'aime pas qu'on la suspecte
de rapports pas corrects.

Le coucou n'a pas de défauts,
il est pétri de qualités :
gentil, doux, tendre et charmant
tant qu'on ne lui demande pas d'être constant.
L'oiselle blanche cache bien ses défauts,
ses qualités ne se comptent plus :
attentionnée, prévenante, réservée et pudique
tant qu'on croit qu'elle ne couche pas.

Le coucou est intègre
mais le hasard veut qu'il tombe souvent

dans des nids bien garnis.
L'oiselle blanche n'est pas intéressée.
Est-ce sa faute si elle a un grand besoin
d'être sans cesse protégée ?
Le coucou n'est pas voleur,
juste un peu profiteur.
Est-ce sa faute si, dans le nid des autres,
il y trouve toujours son compte ?

L'oiselle blanche joue l'effarouchée
mais dans le nid, bien à l'abri,
douce et efficace, elle tombe le masque.
Le coucou ne se repose jamais.
Il vole d'un nid à l'autre,
y dépose sa semence,
prend et jette, d'une patte méprisante,
tout ce qui le dérange.

L'oiselle blanche joue la soumise,
courbe l'échine et bat des cils
afin de garder ses amants.

Un jour, ces deux-là finirent par se rencontrer.
Chacun jouant à sa manière,
qui l'indifférent, qui la bonne ménagère.
De coups d'œil en coin aux approches discrètes,
de rencontres fortuites en confidences secrètes,
ils interprétèrent leur rôle à la perfection.
Et ce qui devait arriver, arriva…
L'oiselle blanche se découvrit féconde.
Elle piailla, pleura. Qu'allait-on penser d'elle ?
La chaste et pure oiselle avait fauté !
Le coucou, pas peu fier, y trouva à cela
l'avantage de prouver une virilité parfois contestée.

Évidemment, au bout d'un moment,
le secret fut éventé.
L'oiselle blanche en fut meurtrie :
Mais que les gens étaient donc médisants !

Ils disaient qu'elle avait couché
avec le premier venu. Et quoi encore !
Le coucou bombait le torse, gonflait ses plumes,
encore un nid de rempli, preuve à l'appui !
Sa nouvelle femelle ainsi occupée,
il pouvait repartir à tire d'ailes
à l'affût d'autres nids d'oiselles.

C'est un couple qui dure
et durera encore très longtemps,
chacun y trouvant son compte :
Lui, cachant ses tristes complexes
derrière une façade de séduction virile.
Elle, faisant contre mauvaise fortune bon cœur,
accrochée à la bouée du mariage de raison.
Image d'Épinal d'un couple parfaitement assorti.
La prude oiselle a sauvé la face,
le coucou sournois a préservé ses acquis.

À toute fable sa moralité

…

Mesdames, jouez les vierges effarouchées,
vous ne serez jamais seules au lit.
Messieurs, soyez tendres, rusés et gentils,
vous trouverez toujours un nid bien garni.

Cette fable, qui n'est pas de La Fontaine, peut être interprétée de différentes manières selon le vécu ou la vision de chacun.

Qui veut s'y reconnaître ou pas, qui y retrouve un entourage, qui le prend tout simplement en souriant, chacun y trouvera ce qu'il veut, l'important est d'en rire.

Les tribulations d'un mytho

Sortant de certaines bouches,
la vérité elle-même a mauvaise odeur.

Jean Rostand.

– Jimmy, tu es malade ? Réponds-moi.

Charlize descendait l'escalier pieds nus. Elle s'arrêta sur la dernière marche, inquiète. Des bruits à vous soulever le cœur lui parvenaient de la salle de bain. Jimmy vomissait à rendre ses tripes.

Les larmes aux yeux, une main sur la bouche, la jeune femme remonta lentement dans sa chambre, sur la pointe des pieds. Jimmy, à genoux, la tête dans la cuvette des toilettes, enfonçait trois doigts le plus loin possible dans sa gorge. Quelques minutes plus tard, il tirait la chasse, se lavait les mains et passait de l'eau fraîche sur son visage. Il quitta la salle de bains éclatante d'un revêtement blanc veiné de rose, les accessoires d'un bleu profond tranchaient et ajoutaient une touche colorée originale. Insensible à la beauté de l'endroit, le jeune homme referma la porte d'un air pensif.

Il ouvrit lentement la porte de la chambre tandis que le soleil pointait ses timides lueurs vers les tentures bordeaux encore fermées. Il était 5 heures 45. Charlize, appuyée contre les oreillers, le regardait à travers ses larmes.

Voilà presque trois mois que cette scène se reproduisait à intervalles plus ou moins réguliers.

– Que se passe-t-il ? Tu deviens alcoolo ? Tu as une maîtresse ? Je veux savoir, Jimmy !

Soupir de l'intéressé. Haussements d'épaules fatalistes. Muet, il se dirigeait vers le côté gauche du lit pas défait. Les draps de soie ocre bien tendus témoignaient d'une nuit passée ailleurs que dans la chambre, pour l'épouse également.

– Ah non, s'écria-t-elle, ça suffit. Tu parles ou tu pars de cette maison.

– Je ne veux pas te faire de mal, dit-il, les yeux rouges et larmoyants.

– Avoue ! Tu as quelqu'un d'autre dans ta vie n'est ce pas ?

– Je préférerais, répondit-il d'un ton lugubre.

Silence lourd. Ils s'observaient. D'abord furieuse puis curieuse et, enfin, inquiète, Charlize lui caressa les joues du dos de la main gauche, celle qui portait l'alliance de leur union. Tout un symbole. La mine de son mari ne semblait pas être celle d'un mari volage pris la main dans le sac, façon de parler. Mais à quoi reconnaît-on un mari infidèle ? Il cachait un secret, elle en était certaine. Lequel ?

Charlize choisit la tendresse plutôt que l'attaque frontale.

– Jimmy chéri, je peux tout comprendre. Après dix ans de mariage, je pense que nous pouvons nous appuyer l'un sur l'autre. Je t'aime. Je peux et je veux t'aider quoi que tu aies fait.

– Moi aussi, je t'aime. C'est pour cela que je veux porter mon fardeau seul.

– Je t'en supplie, parle. Tu te sentiras mieux ensuite et moi aussi. Il y va de notre avenir, en es-tu conscient ? Tu as déjà souffert à cause de ton adoption, je veux te rendre heureux, Jimmy.

– Tu n'aurais pas dû m'épouser, sanglotait-il. Je ne t'ai apporté que des ennuis. Depuis mon enfance, je porte la poisse. Et, en plus, je ne peux pas te faire d'enfant. Tout cela à cause de parents irresponsables. Et à présent…

– Allez mon amour, courage, libère-toi.

Jimmy baissait la tête. De grosses larmes tombaient en légers « plic, ploc » sur ses mains nouées. Ses cheveux blonds emmêlés et son visage poupin barbouillé de larmes lui donnaient l'air de ce qu'il était, un enfant épuisé et perdu.

Lentement, il avança une main vers sa femme, la regarda tristement et dit tout bas, si bas qu'elle l'entendit à peine.

– J'ai un cancer.

Charlize sentit son estomac se tordre, une sueur lui mouillait le front et les paumes de ses mains. Ce n'était pas possible, elle avait mal entendu.

– Quoi ? Tu te trompes !

Et Jimmy hurla : cancer, cancer, cancerrrr…

– Mon Dieu, tu es sûr ? Quand as-tu passé une visite ? Des examens ? Et sans me prévenir, j'aurais pu t'accompagner ! Comment n'ai-je rien vu ! Quel médecin as-tu consulté ?

À la cadence d'une mitraillette, la jeune femme épouvantée, pratiquement en apnée, le bombardait de questions. À bout de souffle, elle s'arrêta pour le prendre dans ses bras. Il la repoussa violemment.

– Voilà, c'est justement cela que je voulais éviter : ta pitié, celle des autres, la douleur de mes parents. Ce serait une catastrophe s'ils l'apprenaient, ma mère en mourrait. Lorsque je serai guéri, si je guéris, alors nous pourrons parler.

– Mon amour, je suis fière de toi. Même dans la douleur, dans l'horreur de ta maladie, tu penses encore à protéger ton entourage. Je t'aime mon courageux mari.

Enlacés dans le lit, sous la couette, ils s'aimèrent comme au premier jour. Ils s'endormirent serrés l'un contre l'autre tels deux chatons repus, tandis que le soleil illuminait le ciel de Belgique de ses rayons chaleureux. C'était un joli mois de mai et Jimmy, malade depuis la mi-mars, paraît-il, venait enfin de se libérer.

La vie s'organisait autour de la maladie de Jimmy. On n'en parlait pas.

Ils vivaient, à la demande du garçon, comme si elle n'existait pas. Charlize avait bien essayé quelques allusions lors d'un repas chez ses parents mais son mari avait piqué une telle colère en rentrant qu'il s'était enfermé dans la salle de bain pour vomir à grands renforts de hoquets.

Trois soirées par semaine, il partait pour l'hôpital Érasme à Bruxelles. Il racontait à Charlize les soins, les examens, ses conversations avec le professeur qui s'occupait de lui et l'avait pris en sympathie, les attentions des infirmières, le traitement. Les jours de soins, il rentrait tard, ne mangeait pas, se couchait et s'endormait comme un bébé tandis que sa femme pleurait en se rongeant les ongles. Elle voulait l'accompagner mais il était si orgueilleux qu'il refusait toute intrusion dans cette partie cachée de sa vie. Pas question de se montrer diminué.

Leur rythme de vie n'avait guère changé, les séances de chimiothérapie remplaçaient ses entraînements de football. Charlize eut quelques doutes lorsqu'il lui expliqua que le professeur émérite Milano ne l'autorisait pas à emporter des copies de son dossier.

– Il juge que je suis trop fragile et ne souhaite pas que je ressasse chez moi ou que je commette une bêtise en lisant les détails, expliquait Jimmy en dégustant sa tarte à l'djote copieusement nappée de beurre fondu.

– Ce n'est pas normal, répondit Charlize songeusement. Il y a un truc que je ne comprends pas. Je ne vois pas de différence entre le fait que tu aies ton dossier ou pas puisque tu connais ta maladie. Où est le problème ?

– Justement, s'empressa Jimmy. Tu as mis le doigt dessus. Moi aussi, j'y ai pensé. Je n'ai pas d'intérêt à avoir ce dossier, je le connais du début à la fin.

– Ce n'est pas ce que je voulais dir…

– Et arrête de me questionner pour me contredire à la fin, coupa le garçon en colère. Tu ne vois pas que je souffre le martyre à tous points de vue ? Cela t'amuse de remuer le couteau dans la plaie alors que moi j'essaie de vivre normalement ?

Jimmy s'excitait, le rouge aux joues, le regard brillant de colère ou de douleur.

Que voulez-vous répondre à cela, pensait Charlize. Dès ce jour-là, elle s'était tenue coite malgré sa peine, sa solitude dans la douleur et le manque d'informations. En plus, Jimmy ne voulait plus de rapports sexuels, il était trop fatigué. Le professeur Milano lui conseillait le repos pour son organisme, c'était le meilleur remède pour une guérison certaine et les séances de chimiothérapie annihilaient toutes envies de rapports, paraît-il.

Un soir que ses beaux-parents étaient passés à l'improviste tandis que son mari se trouvait à Érasme, Charlize eut les pires difficultés à cacher la vérité, à trouver les mots justes. Pas facile de les regarder dans les yeux en assurant que tout allait bien pour eux deux. Elle vit un bref éclair passer dans le regard du papa de Jimmy.

Ce fut très rapide. La jeune femme y repensa longuement, elle hésitait à qualifier l'éclair entrevu : Étonnement, ironie, amusement, regard qui savait ? Allez savoir avec cet homme manipulateur qui mentait comme il respirait et qui trompait sa femme avec le premier jupon passant à sa portée. Heureusement, pensait Charlize, Jimmy ne ressemblait pas à son père adoptif. Quoi que, valait-il mieux avoir un mari volage qu'un mari malade ? Elle éclata en sanglots convulsifs. Comment osait-elle avoir de telles pensées ? La culpabilité prit le pas sur tout autre sentiment. Pendant plusieurs semaines, elle fut plus attentive au bien-être de son mari, elle le gâta à outrance pour se pardonner ses mauvaises pensées. Jimmy semblait ne pas percevoir le malaise de son épouse, trop occupé à se soigner et à travailler. Depuis quelques semaines, Jimmy s'absentait un week-end sur deux pour compenser les heures prises en semaine sur son travail. Il suivait, paraît-il, des formations pour apprendre à tout gérer en bonne intelligence et en toute sérénité, ce qui lui apportait des bienfaits physiques et mentaux. Au fil du temps, Charlize avait de plus en plus de difficultés à tenir le secret de la maladie de son mari. Elle ressentait le besoin de se confier. Mais à qui ? Les amies ? Elles en parleraient à leurs maris, les rencontres entre couples risquaient de devenir gênantes. Les collègues ? Pas le temps ni l'envie. Qui mieux que ses parents pouvaient la comprendre et l'aider ?

– Oh mon Dieu, s'écrièrent Jean et Bettina. Alain et Christine le savent ?

– Non, il ne veut pas que j'en parle à qui que ce soit et surtout pas à ses parents. Il ne veut faire de la peine à personne et, par orgueil, ne veut pas qu'on l'aide ni qu'on le voie diminué pendant ses séances. Il veut que nous vivions comme s'il n'était pas malade.

– C'est bizarre, dit la mère de Charlize. Il ne maigrit pas, il mange très bien, ne perd pas ses cheveux. À part ses vomissements, tu ne vois rien ?

– C'est normal, ils ont évolué en médecine. Il reçoit des injections et il doit rester étendu sans bouger pendant des heures. Les nouveaux traitements font moins de dégâts qu'auparavant. Comme il ne veut pas arrêter de travailler, le professeur Milano a accepté de le recevoir, le soir, pour les séances de chimio. Notre assurance hospitalisation vient bien à point.

– Moi, je ne laisserais jamais mon mari aller seul recevoir des soins aussi importants, insistait Bettina en observant fixement sa fille.

– Te rappelles-tu quand il a été opéré d'une hernie discale ? C'était pareil, il m'a envoyée une semaine en vacances à la neige, vous étiez choqués, sa famille aussi. C'est Jimmy tout craché, il veut m'éviter de le voir en difficulté.

Jean et Bettina se souvenaient du choc, leur fille partait skier tandis que son mari était hospitalisé. Ils avaient rendu visite à plusieurs reprises à leur beau-fils et avaient pu constater qu'il était bien entouré de sa famille, des copains et copines du boulot. Surtout deux amies très assidues.

Un dimanche, ils avaient été troublés en entrant dans sa chambre, deux jeunes femmes, assises sur le lit avaient l'air de très bien amuser Jimmy. Jean et Bettina n'étaient restés que quelques minutes et n'en avaient jamais parlé à leur fille. Couple moderne, d'accord. Confiance dans l'amour, oui mais… Bettina jugeait sa fille bien trop crédule.

– Tu es certaine que tu ne nous caches rien ? Tu peux te confier, tu le sais n'est ce pas ? Nous avons accueilli Jimmy comme un fils, surtout après avoir appris son adoption. Pauvre garçon, la malchance le poursuit.

* * *

Lorsque Charlize et Jimmy s'était rencontrés, ils terminaient, tous les deux, des études commerciales dans des écoles différentes. Ce fut le coup de foudre pour Charlize, la passion qui emporte tout. Jimmy était également amoureux mais plus réservé, il se laissait aimer. Rapidement, la jeune fille l'avait présenté à ses parents. Ceux-ci, des bourgeois aisés ayant « pignon sur rue » et n'ayant qu'une fille unique, tenaient par-dessus tout aux conventions, aux valeurs familiales ainsi qu'aux règles de bienséance. Ils achetaient leurs gâteaux et pâtisseries chez le meilleur chocolatier glacier, « La Maison Wittamer, fournisseur breveté de la cour de Belgique », tout ça écrit sur une couronne. Le sac de Madame sortait de chez Delvaux, leurs vêtements portaient l'étiquette des marques connues et, Charlize, depuis sa naissance, était habillée chez « Petits Bateaux », « Tartine au chocolat », « Charlotte aux fraises » ou « Les P'tits Loups ». L'apparence de famille respectable vis-à-vis de l'extérieur comptait beaucoup à leurs yeux. « Que vont penser les gens ? » était leur refrain préféré. Toujours « tirés à quatre épingles » et prônant la Qualité en tout, ils n'en étaient pas moins radins vis-à-vis de l'entourage et critiques lorsqu'ils étaient invités ailleurs. La nourriture leur semblait fade si elle ne sortait pas d'un commerce huppé. Un jour, ils demandèrent à rencontrer les parents de Jimmy. Devant ses réticences et ses hésitations, Jean et Bettina se posèrent des questions et, finalement, intimèrent l'ordre à Charlize de rompre avec ce garçon « pas net » car honteux de sa famille, sans doute pas de leur niveau culturel, familial et financier. Un jour, Jimmy, le visage grave, se présenta chez Charlize et demanda à parler à ses parents. Il raconta son adoption dès sa naissance, sa demi-sœur, ses parents adoptifs…

– Mon pauvre petit, à présent, nous comprenons tes réticences mais nous voudrions malgré tout connaître tes parents.

– Je ne suis pas malheureux, dit-il avec le sourire. Mes parents m'aiment et m'ont donné une excellente éducation. Bien sûr, ma sœur Hélène est leur vraie fille mais vous ne remarquerez aucune différence. Je me suis confié à vous en toute confiance et je vous demande de n'en rien dire à mes parents. Ils ne veulent pas que quiconque connaisse mon adoption. Ils disent que c'est pour me protéger et je les aime encore davantage pour leur abnégation. Voilà pourquoi j'hésitais à vous les présenter. À présent que vous savez tout de moi, m'autorisez-vous à demander votre fille en mariage ?

Cris de joie, bouchon de champagne qui saute, liesse et congratulations. Jimmy n'ayant pas mis Charlize dans la confidence, l'émotion fut encore plus intense pour elle.

Jean et Bettina rencontrèrent les futurs beaux-parents de leur fille. Ils s'activèrent, à l'époque, pour organiser les fiançailles puis le mariage où deux cents invités purent admirer le couple magnifique et les deux paires de parents fiers de leur progéniture.

– Tout de même, avait chuchoté Jean à son épouse, si nous ne connaissions pas le secret de l'adoption, nous ne l'aurions jamais deviné. Je trouve même une certaine ressemblance entre le père et le fils.

– Ah, tu as remarqué aussi la même chevelure et les yeux d'un bleu identique ? Leur sourire aussi, tu ne trouves pas ?

– Oui, sauf que le père sourit trop aux femmes à mon goût.

– Mais tu es jaloux, ma parole ! Bettina riait franchement. Ce n'était pas désagréable d'avoir un homme jaloux à ses côtés tandis que le regard de velours d'un autre la caressait le temps d'une valse.

Dix ans plus tard, les parents de Charlize n'avaient qu'à se féliciter d'avoir un gendre aussi poli, gentil, attentionné avec son épouse et ses beaux-parents. C'était aussi un fils aimant car Jimmy s'employait à rendre ses parents heureux. Jamais un mot plus haut que l'autre, toujours le premier à rendre service et à mettre une bonne ambiance lors des repas familiaux. Une générosité sans limite également, rien n'était trop beau pour sa femme, bijoux, vacances à la neige, croisières. Tout ce qu'elle rêvait, elle le recevait. Il accumulait les heures supplémentaires afin de s'offrir le luxe d'une coquette petite villa entourée de verdure. Jean et Bettina ne regrettaient pas d'avoir accueilli un si brave garçon. Leur fille avait tiré le bon numéro à la loterie matrimoniale. Ils avaient, dès lors, aidé de bon cœur le jeune couple à acquérir plus vite la maison de leur rêve. Celle-ci, construite récemment, se situait à l'intérieur d'un joli bois où une cinquantaine d'autres villas et bungalows occupaient des espaces clôturés par des haies d'arbres d'essences différentes. Le promoteur avait voulu garder un peu de l'aspect sauvage de ce bois bien connu des randonneurs. Le petit nid d'amour de Charlize et Jimmy avait été construit sur une sorte de talus, il dominait le chemin. De leur terrasse, les jeunes tourtereaux profitaient d'une vue magnifique et des senteurs boisées changeantes au fil des saisons. Les barbecues, le soir, attiraient la famille et les amis ravis de passer une soirée dans ce cadre enchanteur. Dans le silence du soir, ils pouvaient entendre les pépiements d'oiseaux, les cris des animaux, petits et plus grands, qui peuplaient encore ce bois protégé. Un matin, le couple avait découvert un renard au pied de leur terrasse, l'animal au pelage d'un roux magnifique les défiait du regard. Jimmy lui avait lancé du pain et, à partir de ce jour, le renard revenait faire ses provisions chez eux. Les écureuils aussi envahissaient, petit à petit, leur pelouse et leur roseraie entourant la maison. Parfois, assis tous deux dans la véranda ouverte au sud, ils soupiraient d'aise. Quelle chance pour eux d'avoir trouvé cette maison dans un endroit aussi merveilleusement calme.

Depuis la maladie de son mari, Charlize évitait autant que possible le contact avec Alain et Christine, les parents de Jimmy. Elle se sentait fouillée jusqu'au fond de l'âme. Elle, fille unique à qui rien n'avait été refusé, considérait ses beaux-parents comme des « petites gens », expression inventée exprès, croyait-elle, pour définir des personnes en dessous de la condition de sa famille. De plus, une crispation de tout son être lui interdisait d'ouvrir la bouche devant le couple, elle sentait confusément que si elle parlait de Jimmy, elle déballerait tout sans retenue. Et quelles conséquences y aurait-il à tout cela ?

Alain et Christine, les parents de Jimmy, étaient très connus dans la bourgade où ils vivaient. Elle était employée chez un notaire. Lui dirigeait une école secondaire. Depuis leur mariage, ils ne laissaient personne indifférent pour diverses raisons. On parlait d'eux sous forme de cancans[1], de

1 Cancan : bavardage calomnieux, ragot.

ragots à la limite de la calomnie[1]. Il faut dire qu'ils formaient un couple un peu particulier. Déjà, leur rencontre avait suscité des plaisanteries.

L'étude du notaire où travaillait Christine se situait en bordure d'une petite place en terre battue, garnie en son centre d'un saule pleureur sous lequel deux bancs accueillaient les promeneurs fatigués. À trente-sept ans, « Cricri » comme l'appelaient ses parents, s'habillait comme une gamine attardée, toute en fanfreluches et dentelles. Court vêtue « au ras de la touffe », comme disait grassement un collègue éconduit, elle portait des jupes d'adolescente et se coiffait comme une jeunette à la mode des chanteuses pour midinettes. Elle arborait ses tenues coquines tel l'étendard de sa jeunesse, à son avis, inaltérable. De dos, elle pouvait donnait le change par ses pauses, sa démarche et ses vêtements. Vue de face, les plus optimistes revenaient sur terre en découvrant le visage peu amène, l'expression amère, la peau sèche et le sourire sans grâce. Des amours inaboutis ou malheureux avaient durci les traits et altéré le teint. Bref, l'ensemble séchait sur pied.

À l'époque, elle avait pris l'habitude de sortir sur la place à l'heure de ses pauses qui coïncidaient avec les sonneries de l'école d'en face annonçant les récréations. Assise sur un banc à l'ombre du saule pleureur, ses maigres jambes haut croisées, elle dégustait une banane avec délicatesse, l'air rêveur. Elle jouait la pudique tout en grignotant le fruit avec des mines de chatte gourmande.

Alain représentait un sujet en or pour les ragots. Veuf, bel homme, il cultivait sa passion des femmes comme d'autres collectionnaient des timbres ou des théières.

Les mauvaises langues disaient que sa femme était morte de chagrin d'avoir dû le partager pendant douze ans avec d'autres femmes dès le lendemain du mariage. Il ne s'était pas remarié, goûtant son nouveau statut de veuf à consoler. Il entretenait son physique charmeur comme d'autres font

1 Calomnie : accusation mensongère visant à discréditer quelqu'un.

du sport ou des gammes au piano, pour ne pas perdre la main. Celles qui avaient eu le malheureux honneur d'être remarquées par lui appréciaient d'abord sa beauté, son regard de velours, sa force et sa solidité. Elles tombaient raides amoureuses de l'amant doux et tendre, attentif à leurs moindres désirs puis elles découvraient son peu de virilité réelle, son sens de la manipulation et, enfin, le harceleur mythomane et possessif. Elles prenaient alors leurs distances avec plus ou moins de discrétion, pas vraiment fières d'être tombées amoureuses d'un tel bellâtre. Lui ne s'en formalisait pas. Il ne voyait pas ses ruptures comme des échecs, plutôt comme des aventures à classer dans les pertes et profits. Allez hop, à la suivante ! Il en avait toujours une de réserve, au cas où… Il n'était jamais pris au dépourvu. Bizarrement, la suivante captait le message et se tenait prête à faire le grand saut dans les bras pas musclés d'Alain le Don Juan.

Son instinct de chasseur apaisé, il se désintéressait de sa proie et passait à l'autre, repérée depuis un bout de temps. Sa première épouse fermait les yeux et subissait son destin de femme trompée, comme une fatalité. Sans enfants auxquels s'accrocher, elle se laissa mourir d'un cancer dû à un chagrin silencieux.

Un jour, le destin d'Alain et Christine bascula. Il sortait prendre l'air pendant la récréation et la vit déguster sa banane.

Cette femme doit être en feu sous la glace, pensa-t-il. Il devina la femme en manque de passion amoureuse. C'est « une mal baisée » ou je veux bien me faire castrer, jugea-t-il in petto en sa qualité de grand connaisseur. Il y alla. Sur le banc. Elle minauda. Il fit mine de la croire. Curieusement, il ne la trouva pas fade. Pas belle non plus, il ne fallait pas exagérer. Avec les années et bien entretenue comme ses plantes vertes, elle serait présentable. Et puis, avec le temps, il devenait moins regardant sur l'emballage. Par expérience, il savait que les plus timides et effacées se montraient les plus osées en privé. Ne dit-on pas : « méfiez-vous de l'eau qui dort » ? Avec ses cinquante ans avoués et ses cinquante-six ans réels, il était temps qu'il fonde une vraie famille, ce qu'il avait toujours refusé à sa défunte épouse.

Christine, à trente-sept ans, pouvait encore procréer et n'attendait qu'un bel étalon pour réaliser ce vœu. Et c'est ainsi que les bonnes âmes du bourg eurent de la matière à déblatérer pour les années à venir. Mariage il y eut puis deux naissances très rapides tout juste avant les quarante ans de l'heureuse maman. Le papa tout content pouvait reprendre son sport favori, la maman étant plus qu'occupée avec ses deux maternités. Très vite, elle comprit le fonctionnement de son mari et, par obligation, s'en accommoda.

– Un homme a besoin de liberté sexuelle. Plus il butine, plus il revient en forme pour honorer sa femme, celle qu'il a choisie entre toutes, la seule qu'il aime réellement.

C'est avec ce genre de discours qu'il avait fini par la calmer. Elle éduquait ses enfants, il revenait tous les jours, elle ne posait pas de questions partant du principe que ce qu'on ne sait pas ne fait pas mal. À son âge, elle n'allait pas divorcer et devenir la risée de tous ceux qui épiaient le premier dérapage. Les cancans allaient déjà bon train depuis des années sans encore les alimenter par une rupture. Les envieuses seraient bien trop contentes, les jaloux se frotteraient les mains. Rien que pour cela, elle tiendrait la barre droite dans la conduite du ménage, tout au moins en apparence, pour la façade.

* * *

À présent, leurs enfants mariés, ils pouvaient vivre chacun en bonne entente. Chacun pour soi en toute sérénité, bien dans leur corps et dans leur tête. Il l'avait transformée en vraie femme, elle lui avait laissé toutes ses libertés. Chacun y avait trouvé son compte. Les habitudes étant prises, pourquoi changer une équipe qui gagne ? Tant que l'honneur était sauf, que l'autre n'envisageait pas de changer les règles, la vie se déroulerait comme un long fleuve tranquille… s'il n'y avait pas ce fils perturbateur. Jimmy était leur faiblesse, leur « talon d'Achille ».

Christine ne savait plus que penser de lui. Était-ce un mythomane, un grand malade ou carrément un escroc doublé d'un manipulateur ? Alain se posait aussi des questions sur ce fils terrible. Ses parents savaient de quoi était capable Jimmy. Déjà en primaire, il inventait des histoires qui tenaient debout pour ne pas rendre ses devoirs, il avait l'art d'embrouiller les pistes. Un de ses instituteurs avait dit « il ira loin ce garçon ». Christine soupçonnait le maître de s'être moqué d'eux. Le ton sarcastique et le regard sévère démentaient cette bonne parole. En secondaire, il s'était inventé une amie hospitalisée et mourante pour justifier ses nombreuses absences. Tous avaient loué son courage et son sens de l'amitié, c'est tout juste si le préfet ne lui avait pas remis une médaille à la place des heures de retenues et des zéros pointés. Lorsqu'il avait fait la connaissance de Charlize, Alain et Christine s'étaient félicités. Enfin, Jimmy avait bien choisi, une fille avec la tête sur les épaules ne pouvait que mettre du plomb dans la cervelle de leur fils. En secret, Christine priait pour que leur fils n'ait pas hérité d'un gène dérangeant qu'elle connaissait bien.

Jean et Bettina, les parents de Charlize, représentaient le type même du couple parfait sous tous rapports. Rien dans leur vie ne dépareillait dans le tableau idyllique. Une indépendante et un chef d'entreprise ne pouvaient qu'améliorer leurs héritages mutuels.

Elle avait repris le commerce de textiles de ses parents et grands-parents, il apportait les finances héritées d'un parrain célibataire et fortuné. Il avait créé sa propre société immobilière et employait une dizaine de personnes. Ils avaient tout planifié dès leur adolescence : une vie aisée, un unique enfant, une demeure à la hauteur de leurs ambitions, un cadre digne d'une famille bourgeoise sans problèmes. Natifs du même quartier d'Ixelles, Jean et Bettina se connaissaient depuis l'enfance et tombèrent naturellement amoureux vers leurs seize ans. Les deux familles approuvèrent cette union qui ne pouvait que perpétuer, de chaque côté, une lignée de nantis éduqués dans la bonne tradition catholique même s'ils allaient à l'église plus par habitude que par réelle conviction. Belles manières, savoir-vivre, de la religion, rien ne pouvait troubler cette union naturelle.

Jean et Bettina cumulaient toutes les qualités pour former un couple solide. Ils savaient qu'en cas de coup dur, ils pourraient compter l'un sur l'autre. Il y aurait des disputes, des dissensions, des bouderies mais aussi des réconciliations et des moments merveilleux comme la naissance d'un enfant. Mais jamais il n'y aurait de secrets ni une séparation. Voilà ce qu'ils se promirent le jour de leurs fiançailles.

« Unis pour le meilleur et pour le pire » n'était pas une vaine formule. Pour eux, c'était du vrai et du sérieux. Ils avaient planifié la naissance d'un seul enfant, ils eurent une petite fille. Bettina, approuvée par Jean, se fit opérer. Elle estimait pouvoir mieux donner de son temps, éduquer et choyer une seule enfant. Entendez par là, moins de problèmes à gérer et plus d'argent pour la combler.

Leur fille, Charlize, fut en tous points ce que ses parents attendaient d'elle : la digne descendante de deux familles de la bonne société aux valeurs fondamentales bien ancrées. Charlize n'émit jamais la moindre contestation, elle aborda les études commerciales en sachant ce qu'on attendait d'elle. Comme ses parents, à seize ans elle tomba amoureuse. Plus précisément, elle jeta son dévolu sur Jimmy avec la ferme intention de former un couple solide et, toujours comme ses parents, de réaliser une vie confortable avec un enfant unique.

Mais la vie ne se déroule pas toujours comme on le voudrait. Parfois, un grain de sable vient gripper les rouages bien huilés. En l'occurrence, pour ces deux familles, le grain de sable s'appelait Jimmy. Charlize ne connaîtrait jamais la joie d'être maman car Jimmy, suite à un accident de cheval quand il était enfant, paraît-il, ne pourrait jamais procréer.

Ensuite, la révélation de son adoption…

Charlize, éduquée dans la droiture et la vérité, lui posait sans cesse des questions.

Avait-il envie de retrouver ses vrais parents ? Voulait-il connaître les circonstances de sa naissance ? Pourquoi ne questionnait-il pas ses parents adoptifs ? Elle trouvait qu'il y avait beaucoup trop de non-dits dans son histoire et qu'il se sentirait mieux dans sa peau si les secrets de famille étaient dévoilés.

– Moi, à ta place, je voudrais connaître la vérité.

– Mais tu n'es pas à ma place.

– Je ne te comprends pas.

Jimmy se refermait, se butait, fermait des portes et gardait ses secrets.

– Je vais te dire ce que pensent mes parents, cracha-t-elle perfidement, ils trouvent que tu ressembles étrangement à ton père adoptif, na !

– Tu veux la vérité ? Tu veux remuer la merde et donner des maux de cœur à toute ma famille ? Ça te plaît, hein, d'ennuyer mes parents. Remue la merde et tu vas avoir l'odeur. Tu l'auras voulu ! C'est ça que tu cherches ? Eh bien oui, je suis le fils de mon père mais adopté par ma mère. Je suis le résultat d'une aventure de mon père avec une jeune étudiante de seize ans. Pour que mon père ne soit pas accusé de détournement de mineure, ma mère a proposé de m'adopter. Tout le monde y trouvait son compte et l'honneur était sauf. Voilà, tu pourras raconter mon histoire à tes parents, cela vous fera une bonne soirée de commérages en perspective. Mes parents seront très heureux de t'entendre parler de notre histoire personnelle au prochain repas. Un conseil que je te donne, attends le dessert car tu risques de ne plus les revoir !

Le ton montait de plus en plus haut, Charlize eut l'impression que l'attitude de son mari frisait l'hystérie. Elle n'eut pas le temps de s'excuser, la porte claquait. Jimmy ne revint que le lendemain à l'aube et bouda pendant quelques jours. Ce fut à nouveau Charlize qui s'excusa et la vie reprit son cours comme si rien n'avait été dit. Bien entendu, la jeune femme raconta l'histoire à ses parents qui ne furent pas étonnés. Au contraire, ils furent soulagés d'un doute quant à l'adoption. Charlize, quant à elle, allait de découverte en découverte. Dix ans de vie commune sans nuages, sans ombres, sans mensonges croyait-elle et, là, maintenant, la vie de Jimmy se révélait si complexe. Que de secrets dans cette famille ! Et Christine, la mère adoptive, quelle femme admirable, rien dans sa façon d'éduquer ses enfants et de gérer son ménage n'indiquait une quelconque gêne ou rancune vis-à-vis de tous ces aléas de la vie. Moi, je n'aurais jamais accepté l'enfant d'une autre, pensait Charlize qui voyait sa belle-mère auréolée d'une sainte couronne. En résumé, Hélène est la fille d'Alain et Christine tandis que Jimmy est le fils d'Alain mais pas de Christine, ça alors ! Charlize qui avait eu une vie de petite fille, d'adolescente et de jeune fille protégée par des parents « normaux », se retrouvait projetée dans un monde de faux-semblants, de façade.

Au « bar debout » de la galerie commerçante, Hugo, Stan, Fred, Mick et Peter levaient leurs verres en l'honneur de leur copain Jimmy. Celui-ci venait de leur expliquer sa maladie et la raison de ses absences aux entraînements de foot. Les garçons n'en « menaient pas large ». Peter reniflait, Stan fixait son verre d'Orval et les autres, gênés, n'osaient pas regarder Jimmy en face.

Ils se connaissaient depuis l'école primaire, ils avaient fait les quatre cents coups et jouaient dans la même équipe de football de la ville voisine. Ils avaient couvert les bêtises des uns et des autres, ils se servaient mutuellement d'alibi. Ils gardaient des secrets connus d'eux seuls, surtout s'il y avait une aventure extraconjugale chez l'un d'entre eux. Certaines de leurs épouses étaient devenues amies, Charlize n'avait jamais pu ou su s'intégrer à la bande. Elle n'y trouvait aucun sujet commun dans les conversations. Leurs plaisanteries au ras des pâquerettes ne la faisaient même pas sourire. Bref, elle passait pour la rabat-joie et la prétentieuse du groupe. Petit à petit, elle avait décliné les invitations et n'allait plus aux entraînements de foot. Elle s'était inscrite dans un club de tennis et pratiquait le golf avec ses parents.

Ce jour-là, Jimmy avait décidé de tout raconter avec la certitude qu'aucun de ses amis ne raconterait son cancer s'il leur demandait le silence. Il y avait déjà trop de gens qui connaissaient le secret qu'il espérait garder jusqu'à sa guérison afin de protéger ses parents, leur avait-il dit entre deux tournées de chopes.

Après son départ, les amis de Jimmy se concertèrent.

– Vous le croyez, vous ?

– Pourquoi il inventerait un cancer ? C'est impossible. Il y a les soins, les visites à l'hôpital. T'imagines le brol ? Faudrait qu'il soit gonflé et, pour quelles raisons inventerait-il ce truc énorme ?

– Moi, je le crois et je ne le crois pas, il a toujours inventé. Vous vous rappelez à l'école ? Mais, bon, un cancer ça ne s'invente pas.

– Il ne serait pas gêné de raconter un truc pareil. Combien de fois on l'a couvert vis-à-vis de Charlize quand il était « sur un coup » ? Ma femme ne veut plus les inviter, elle est gênée devant eux. Forcément, quand on sait qu'il saute sur tout ce qui bouge. Je pense qu'il a une aventure, c'est cela qui l'empêche de venir aux entraînements.

– D'accord, mais il y a une énorme différence entre tromper sa femme et avoir un cancer, non ? À propos, vous avez rencontré la dernière en date ?

– Non, c'est bizarre. À mon avis, il est mordu et la cache ou il est réellement malade et il n'a plus de maîtresse.

– C'est vrai, d'habitude il ne se gêne pas pour se pavaner avec la dernière en date. Il y a quand même un truc bizarre. J'y crois, moi, à son cancer.

Les cinq copains abandonnèrent leurs verres vides et se séparèrent sur le parking après un dernier serment d'amitié. Ils ne pouvaient rien raconter même à leurs épouses. Le cœur meurtri pour leur ami, ils se jurèrent de l'aider à traverser cette horrible épreuve.

* * *

– Alain, j'ai un pressentiment. Il se passe un événement chez Jimmy. Mon instinct de femme me dit que Charlize est malade ou enceinte.

– Ah bon, tu as vu des indices ? Il t'a informée ?

– Non, j'ai rencontré Jean et Bettina par le plus grand des hasards. Tu les connais, pas facile de trouver des sujets de conversation. Avec eux, c'est la météo, le coût de la vie ou les enfants. Je n'ose jamais aborder un autre sujet.

À part lui, Alain se disait que l'effet miroir marchait très bien avec Christine, voir ses propres défauts chez les autres ne la perturbait pas outre mesure puisqu'elle ne s'en rendait pas compte. Ses sujets de conversation ne variaient pas entre la mode et les adresses de bons restaurants, les cancans sous forme de minauderies et les émissions « people » à la télévision. Sujets ignorés superbement par les beaux-parents de leur fils.

– Et alors, dit-il distraitement, ne voyant pas où sa femme voulait l'emmener.

– Eh bien, je les ai trouvés bizarres. Elle me regardait tristement et lui, il n'osait pas me regarder en face.

– Ce n'est pas une future naissance qui les mettrait dans un tel état de gêne. Au contraire, tu ne crois pas ?

– Oui, mais je suis certaine qu'ils connaissent un détail sur les enfants et qu'ils ne savent pas comment nous le dire. Ça se voyait comme le nez au milieu de la figure.

– Si je peux me permettre, ma chérie, je n'appellerais pas « un détail » une future naissance et, c'est peut-être dans leur couple qu'il y a un problème. Ils venaient sans doute de se disputer.

La discussion close, Alain pensait sérieusement que les autres parents avaient découvert les frasques de son fils. Je devrais le calmer un peu celui-là, pensa in petto le père pas mécontent de rigoler avec son fils aux dépens de ses beaux-parents.

Charlize, sur le point de craquer nerveusement, prit un mois de congé de maladie avec l'arrière-pensée de veiller sur son mari et de l'aider malgré lui. Elle était bien décidée à assumer son rôle d'épouse aimante et compréhensive. Il devrait se soumettre. Dans un couple, on doit tout se dire, pensait-elle. Quoi que… depuis son mariage, elle avait vu d'un autre regard celui de ses parents et, apparemment, là aussi il y avait un ou des problèmes. Y a-t-il des couples vraiment heureux, se demandait finalement Charlize en triturant ses mouchoirs humides. Ses parents avaient-ils attendu son départ du nid pour laisser apparaître les fissures ? Ce fut, d'abord, très peu perceptible : des silences lourds, des yeux rougis, des visages fermés… Charlize crut que la maison sans leur fille les attristait puis elle remarqua une certaine aigreur chez sa mère et un effacement coupable chez son père. Elle en déduisit des disputes dues à leur changement de vie qui tournait auparavant autour de leur enfant unique et gâtée. Au fil du temps, elle sentait une distance réelle se creuser entre ses parents. Étaient-ils en désamour ? Cet amour ne tenait-il que par sa naissance ou s'usait-il comme un cordage effrité ? Charlize y pensait de temps en temps sans en faire une obsession. Elle avait suffisamment de contrariétés chez elle. En fille respectueuse, elle n'imaginait pas la vie sexuelle de ses parents.

Autant elle voyait le couple formé par Alain et Christine comme un mariage basé sur la raison, autant imaginer une séparation chez ses parents lui paraissait inconcevable. Financièrement aussi, il y eut des changements. Jean ayant pris sa retraite, les rentrées d'argent n'étaient plus aussi importantes et les sorties restos ainsi que les vacances deux fois l'an se raréfièrent pour, finalement, disparaître totalement. Charlize, éduquée dans le luxe confortable, se posait des questions. Ses parents avaient placé de l'argent pour elle dès sa naissance, pourquoi n'auraient-ils pas pensé à leur retraite ? Elle se promit d'inviter sa maman à boire un thé en ville pour parler de tout cela entre femmes. Il valait mieux percer l'abcès que rester dans l'incertitude, pensait tristement Charlize en se remémorant sa conversation avec son mari. Elle l'avait forcé à se confier. À présent, elle « savait » mais ne se sentait pas mieux pour autant.

Seule dans le silence de la maison, elle parcourut toutes les pièces de leur nid si amoureusement aménagé. Elle avait voulu une maison lumineuse comme leurs sentiments à l'époque. Beaucoup de grandes fenêtres donnant sur la verdure du bois mais aussi des matériaux reflétant la lumière. La maison avait subi d'énormes transformations après l'achat pour apporter la luminosité tant recherchée par la jeune mariée. Jimmy avait acquiescé sans broncher à tous les caprices de sa jeune épouse. Le hall accueillait les visiteurs sous une arcade de miroirs, le carrelage reflétait la lumière du plafonnier. La longue pièce comprenant le coin salon et le coin salle à manger brillait de mille feux sous deux lustres en verroteries colorées. Les deux fauteuils et le divan en « vrai » cuir fauve se tassaient devant un faux feu de bois devant lequel une énorme table en épais verre fumé supportait les verres d'apéritif. La salle à manger de style « rustique » occupait les trois quarts de cette grande pièce tapissée de blanc.

Fièrement, Charlize entretenait leur maison ainsi que le mobilier choisi au moment du mariage dans la bonne tradition familiale. Les conseils des mamans et grands-mères y étaient mis en application par la jeune femme avec une ferveur toute filiale.

* * *

En attendant le retour de son mari, Charlize se rongeait les ongles. Comment parviendrait-elle à l'aider contre son gré ? Le suivre ? Pas son genre et puis il reconnaîtrait la voiture. Demander un rendez-vous chez le professeur Milano ? Sous quel prétexte ? Il devait penser que son patient se confiait à sa femme comme tout couple normal. Non, rien de tout cela, elle serait franche comme d'habitude. Elle en avait marre de tous ces secrets ! Charlize prit trois grandes résolutions. La première, exiger de Jimmy de l'accompagner dans sa maladie. La deuxième, parler aux parents de Jimmy et la troisième, exiger de ses parents une explication à leur changement d'attitude.

Mais la vie réserve parfois de drôles de surprises.

* * *

Charlize aimait, parfois, se laisser coiffer chez « Trevorr avec deux r », (il y tenait à ses deux r), connu et reconnu autant pour son talent de figaro que pour l'ambiance de son salon et ses shows à l'américaine. Charlize n'étant pas une cliente régulière, elle ne connaissait aucune des personnes présentes ce jour-là. Elle venait pour une coloration, une coupe et un brushing. Elle se doutait qu'elle allait y passer la moitié de la journée, le salon étant plein à craquer quasi toutes les fins de semaine. Il régnait une ambiance détendue malgré l'affluence. Charlize ouvrit le bouquin prévu en cas d'attente prolongée. Céline Dion chantait en sourdine et en anglais. Un bourdonnement continu de ruche d'abeilles berçait doucement celles qui attendaient patiemment leur passage au shampooing, le coup de ciseau du patron, la retouche ou le brushing de Cindylou et de Laurent, Lolo pour les intimes.

Le salon baignait dans une atmosphère aux parfums doux-amers. Cela allait du produit piquant pour les permanentes au jet de laque en passant par l'antifrise généreusement vaporisé par Laurent sur les têtes des clientes qui ne supportaient pas la laque pour des raisons connues d'elles seules. Ces odeurs évanescentes, propres à tous les salons de coiffure, ajoutaient au confort douillet de l'endroit, une légère touche féminine bien naturelle. Trevorr, en véritable chef d'orchestre, voltigeait de l'une à l'autre. Il avait l'œil sur tout, il soulevait une mèche par ici, donnait un avis par là, répondait aux inquiétudes de certaines et se moquait gentiment de ses coiffeurs et apprentis.

– Cindylou, tu peux t'occuper de Madame Quinet pendant que Lolo shampooine Miss Jenny. Allez les enfants, ces dames n'attendent que ça, vos papouilles et vos gestes tendres, pas trop quand même, réservez-les pour moi. Trevorr affichait naturellement, sans ostentation, son homosexualité. Il était dans une période très amoureuse et le salon entier en bénéficiait. En effet, Trevorr amoureux donnait de la joie et de la tendresse autour de lui, un peu comme s'il voulait que son bonheur amoureux rejaillisse sur son entourage.

Quelques rires accompagnaient les bons mots de Trevorr et lorsqu'il était d'humeur guillerette, les blagues osées du « Net » s'échangeaient dans une ambiance haute en mots colorés. Le coiffeur donnait des surnoms charmants, désuets ou gentiment coquins à certaines clientes qui s'en trouvaient flattées. Il osait la plaisanterie rapide, l'autodérision facile mais le professionnel ne riait pas lorsqu'il s'agissait du travail. Les chichiteuses et les « pète-sec » l'emmerdaient au plus haut degré. Si certaines revenaient, c'était par pur masochisme sans doute et pour son talent sûrement. Parmi ses clientes, Trevorr avait des habituées devenues, au fil des ans, des amies. Souvent, trois générations de la même famille se coiffaient chez l'artiste coiffeur.

* * *

Enfant de ce quartier de la ville où il était né, il avait d'abord fait ses classes et ses années de perfectionnement à Bruxelles avant de revenir s'installer définitivement au sein de ce qu'il considérait comme sa famille de cœur en plus de sa vraie et grande famille. Une fratrie joyeuse et solidaire dans les bons moments comme dans les drames.

Charlize attendait son tour en écoutant distraitement les échanges de commentaires entre les clientes tout en lisant le dernier roman de Querton. Il y avait celles qui se connaissaient depuis l'école primaire avec Trevorr, celles qui se rencontraient uniquement au salon et qui, au fil du temps, se reconnaissaient avec plaisir. Il y avait aussi les taiseuses, les timides, les faiseuses d'embarras, les arrogantes... Tout un panel de personnalités que l'on retrouve également dans la salle d'attente d'un médecin généraliste comme celles qui essaient d'accrocher votre regard. Si vous avez le malheur de croiser ce fameux regard de chien battu, vous êtes bonne pour entendre leurs malheurs et leurs douleurs en passant par leurs problèmes les plus intimes. Dans un cas comme dans l'autre, il y a l'avantage, pour elles, de meubler les silences et pour ceux qui ne veulent pas se faire piéger, mieux vaut lire un livre sans lever la tête.

Trois dames d'un « certain âge » comme on dit pour ne pas les vexer, apparemment de la même génération et se connaissant très bien comme des voisines, papotaient. Leurs voix essayaient de dominer le bruit incessant des sèche-cheveux. Celle qui séchait sa permanente sous un casque criait aux deux autres des phrases qui tombaient parfois hors contexte. Le personnel souriait gentiment, les autres clientes réfrénaient une envie de rire. Des sourires polis accompagnaient cette cacophonie et des oreilles curieuses se tendaient involontairement vers cette conversation à trois qui devenait intéressante pour celles qui les connaissaient. Même les coiffeurs se taisaient.

– C'est triste ce qui arrive au neveu de vos voisins.

– Oui, c'est leur petit-neveu, ils ne le voient plus depuis son mariage, sa femme est tellement prétentieuse. La sœur de mon voisin n'a pas de chance avec son fils. Depuis qu'il est petit, il n'arrête pas de se fourrer dans de drôles de situations. Ce garçon a pourtant l'air si gentil et si serviable, mais ses parents se plaignent de lui très souvent.

– Je sais, ma fille était à l'école avec lui. Il venait parfois à la maison. Malgré ses beaux yeux bleus et son allure serviable, je n'ai jamais eu confiance en lui. J'avais toujours l'impression qu'il se moquait de moi, je disais à Françoise de s'en méfier. Je n'avais pas de preuves, bien sûr, impossible de lui reprocher vraiment une mauvaise action. Il me regardait calmement de son regard clair sans baisser les yeux. Franchement il m'impressionnait pour un gamin de cet âge-là. Je l'ai soupçonné de m'avoir volé de la monnaie, mais sans preuves, vous savez. Jamais de billets, toujours la petite monnaie qui traînait.

– À présent, ses parents sont dans le trente-sixième dessous. Malgré ses défauts, c'est leur fils hein ? Comme tous les parents, ils souffrent de voir leur fils malheureux.

– Qui est mort ? hurle la permanentée sous son casque.

– Personne, Mamy Jeanne, sourit Trevorr en soulevant le casque. Il tâte délicatement les fins rouleaux entourés de gris. Encore cinq minutes et je vous libère.

Le salon entier attend, avec impatience, la suite de cette saga familiale. Aucun nom n'a été cité, cela n'empêche pas une certaine curiosité amicale envers ces parents éprouvés.

– Qu'a-t-il fait, cette fois, le fiston ?

– Il n'a rien fait, il a épousé une femme malade dans sa tête et, maintenant, il a un cancer. Pas d'enfant, une femme à moitié folle et un cancer, vous voyez le tableau ?

Un murmure de compassion envahit le salon tandis, qu'instinctivement, Laurent et Cindylou restent le bras levé, le sèche-cheveux éteint. Trevorr arrête le casque séchoir et dégage sa cliente qu'il nomme affectueusement mamy Jeanne.

Les commentaires et les questions fusent en tous sens pour, enfin, atteindre Charlize jusque là indifférente aux bavardages de ces personnes inconnues. Imperturbables, les trois bavardes assises, à présent, les unes à côté des autres par un Trevorr prudent, reprennent leur dialogue là où elles l'avaient laissé, dans une ambiance plombée et attentive. Charlize ne lit plus, elle regarde les textes et ne tourne plus les pages, son attention toute tendue vers ce dialogue qui ne devrait pas l'intéresser.

– C'est grave ? Ça a commencé quand ?

– Il s'est marié et, d'après les parents, la maladie s'est déclarée tout de suite après, et elle ne peut pas avoir d'enfants. Il l'avait caché mais, à présent, il est tellement malheureux, qu'il a tout déballé.

Trevorr coupe très courts les cheveux blancs bleutés de la voisine car elle ne supporte pas le désordre en général et surtout pas dans son apparence extérieure. Comme elle dit, notre apparence extérieure révèle notre intérieur.

– Moi, reprend la voisine qui a dû s'arrêter une seconde, j'ai connu les parents jeunes mariés, ils ont loué une maison en face de chez moi. Très polis et serviables. Ils ont acheté une maison quand elle s'est retrouvée enceinte. Après l'accouchement, ils sont venus me présenter leur petit Jimmy, ils étaient fiers et heureux. Je crois qu'ils ont eu une fille ensuite mais vous savez comment va la vie, ils ne sont plus revenus me saluer.

– Je les plains, les pauvres, ce garçon c'est le pire menteur que j'aie jamais vu. On dit mythomane, je pense, quand c'est à ce point-là. À mon avis, ils l'ont trop gâté.

– Le papa était fier comme un paon à la naissance. Vous me l'aviez dit à l'époque.

Elles ont bonne mémoire, ces dames à la septantaine bien avancée et qui se préoccupent sans malice des bonheurs et des malheurs des autres. Et voilà que défile, aux oreilles stupéfaites de Charlize, la vie de Jimmy. Elle n'a plus aucun doute, il y a trop de coïncidences pour accuser le hasard.

– Oh oui, continue la voisine sans tourner la tête car Laurent enlève avec patience les petits rouleaux. Le coiffeur ne se presse pas, il adore les cancans, le bougre. Oh oui, reprend la cliente, ils sont fiers mais il se passe des choses bizarres. Comme s'il y avait des secrets chez le jeune couple. Vous trouvez normal, vous, d'acheter une belle villa dans un bois à l'écart de tout et à des dizaines de kilomètres des parents ?

– On n'est pas obligé de vivre dans la même ville que ses parents, avance calmement Cindylou qui ne supporte pas la critique. Une maison dans un bois ? Tant mieux pour eux, il y a des gens qui aiment le calme sans pour cela se cacher.

Un silence suit cette déclaration et les bruissements reprennent leurs ronrons apaisants. Charlize veut partir et rester à la fois. Elle sait qu'elle n'osera jamais se faire connaître à quiconque dans ce salon. Elle entend les paroles voltiger au-dessus d'elle sans avoir le courage de questionner, de démentir ces ragots de bonnes femmes.

Les bruits et la musique ont repris leur place dans le salon, les cheveux mouillés n'attendent pas la fin des histoires.

Charlize serre les dents. Une folle envie de savoir lui taraude les entrailles mais la peur de découvrir la vérité est plus forte. Trevorr a remarqué le malaise de Charlize, il s'avance, le sourire tendre, le regard avenant.

– Je peux vous servir un café, un verre de jus, d'eau ? Désolé, je n'ai plus de thé, une cliente a tout bu, lance-t-il pour amener un sourire sur les traits figés.

Charlize secoue la tête de gauche à droite, esquisse un sourire d'excuse. Incapable de parler, elle remercie Trevorr du regard. Elle sait qu'à l'instant où elle parlera, les larmes couleront. Son cerveau tourne à du mille à l'heure. Bettina enceinte, retour de maternité, leur bébé… Est-ce bien de « son » Jimmy adopté que l'on parle ? La jeune femme voudrait quitter ce salon et filer chez ses beaux-parents. Pour y découvrir quoi ? Elle ne se voit pas demandant des détails sur la naissance de son mari. Surtout s'ils la croient malade mentale. Jimmy est devenu fou, pourquoi a-t-il inventé cela ? Tous ces secrets, ça commence à faire beaucoup. Vers qui se tourner ? Ses parents ? Ils doivent déjà supporter le secret du cancer, Charlize les sait malheureux pour elle.

Le reste de la journée passe dans un flou où se mêlent les pensées les plus négatives. Charlize est rentrée chez elle, la nausée au bord des lèvres. La jeune femme avale une Sedergine effervescente afin de soulager un mal de tête tenace.

Elle était sortie du salon de coiffure sans oser regarder ni saluer, elle avait juste entendu la voisine avouer à contre cœur ne pas connaître la nature de la maladie mentale de la jeune femme. Charlize était consciente de l'absurdité de la situation. Elle s'évertuait à protéger les parents de Jimmy alors que, lui, leur inventait une femme malade afin de cacher sa propre maladie.

Trevorr, discret, s'était occupé d'elle du début à la fin. Ses gestes et son regard attentif donnaient à penser qu'il soupçonnait un trouble chez la jeune femme. Il voulait lui prouver qu'il s'occupait de son confort moral autant que de sa coiffure. Trevorr est ainsi : direct, franc, à la limite du politiquement correct mais avec un cœur gros comme ça. Il a un sens exacerbé qui lui permet de saisir les émotions. Il a une finesse d'écoute qui n'appartient qu'à lui. Il peut, d'un regard, vous emmener sur un chemin parsemé de jolies choses et de mots drôlement tendres.

L'épouse de Jimmy se tord les mains, elle a un besoin vital de parler à quelqu'un. À qui ? Les amies travaillent. À ses parents ou beaux-parents ? Impossible, ce serait faire exploser une bombe dans la famille. Le vertige la guette, elle serre les poings, grince des dents. Il y a tellement de secrets, de contradictions dans la vie de Jimmy, comment démêler l'écheveau sans casser la tranquillité de la famille ? Ses nerfs vont craquer, il faut absolument qu'elle se bouge. Le mensonge sur son adoption s'apparente à de la Haute Trahison vis-à-vis d'elle et de ses parents mais surtout vis-à-vis d'Alain et Christine, ses vrais parents qui l'ont conçu, mis au monde et éduqué avec amour.

C'est un monstre ! pensait Charlize avec autant d'amertume que de colère. Une heure plus tard, elle buvait un verre de Pineau blanc au « bar debout » où son mari avait ses habitudes. Était-ce le hasard ou un choix délibéré ? Charlize avait suivi son instinct. Qui pourrait mieux l'aider à comprendre Jimmy que ses amis ?

Avec un peu de chance, elle en rencontrerait peut-être l'un d'entre eux. Jimmy n'y serait pas, il travaillait plus tard sur un important projet.

– Tiens, Charlize, tu t'es perdue ?

La voix virile et joyeuse de Stan provoqua, chez elle, une rougeur inhabituelle. Celui-ci la regardait curieusement, il était rare de rencontrer Charlize seule dans un bar et surtout celui des copains. Elle avait toujours respecté leur amitié.

– Tu es en forme, ma belle, à chaque fois plus pimpante.

Réalisant que son humour flatteur ne rencontrait pas d'écho, il l'observait sérieusement avant de se commander une bière.

– Ça ne va pas ? Jimmy va plus mal ?

Que dire ? Comment aborder le sujet sans paraître y attacher l'importance qu'il mérite ? Ce n'était quand même pas normal, nous le protégeons de ses mensonges pensait la jeune femme en colère. C'est lui qui mentait tous azimuts et c'est nous qui avons l'inquiétude de déranger son petit monde bien construit, il faut que ça change. Que sait-il, cet ami de longue date, le complice des beuveries et des bêtises en tous genres ?

– Tu en sais autant que moi sur Jimmy, lança-t-elle un peu trop agressivement à son goût. Elle ne voulait pas le braquer. Sa voix métallique n'annonçait rien de bon. Elle s'en rendait compte à la mine embarrassée de Stan.

Celui-ci, pas tranquille pour un sou, se demandait ce qu'il pouvait dire ou pas. Que savait-elle ? Bluffait-elle ? Attention, mon gars, faut pas gaffer, Jimmy a assez de soucis avec sa maladie. Elle a découvert un truc, ça c'est sûr, mais quoi ?

– Parle-moi de Jimmy, dit-elle doucement afin de le mettre en confiance.

– Mais...mais, tu le connais mieux que moi, dit-il, abasourdi.

– Je ne pense pas, non.

– Que veux-tu que je te raconte ? Son cancer, ses sorties ? Tu connais tout cela ? Que veux-tu savoir ?

– Sa naissance.

– J'y étais pas, essaie de fanfaronner Stan.

– Tu peux quand même me dire s'il a été adopté ?

Stan en avale sa bière de travers. Sacré Jimmy, il y a été très fort cette fois. Il n'a quand même pas inventé ça pour cacher ses aventures ? Stan ne comprend pas la motivation de ce mensonge. En général, quand on ment, c'est pour ne pas être pris ou puni mais avec Jimmy, on entrait dans une autre dimension. À part lui, Stan admirait son copain pour son imagination et son culot même s'il ne l'approuvait pas. Ses maîtresses, passe encore, mais une adoption !

– Ne fais pas l'innocent, j'ai horreur qu'on se foute de ma gueule !

Elle était en colère, la femme de Jimmy. Jamais Stan ne l'avait entendue dire un mot grossier. À peine avait-il avalé sa salive et sa bière qu'elle avait disparu de son champ de vision. Elle a compris, pensa le garçon, sans qu'il ait eu besoin de parler. Il exagère, Jimmy, il va nous mettre dans une situation malaisée. C'est malheureux pour son cancer mais cela ne lui donne pas le droit d'inventer. Quoique, ce mensonge de l'adoption, il devait l'avoir inventé depuis longtemps. Pourquoi réagissait-elle seulement maintenant ?

En véritable ami, Stan pardonnait tout à Jimmy. Dès qu'il serait guéri de son cancer, il se chargerait de lui remettre sa tête à l'endroit une bonne fois pour toutes. La maladie n'excuse pas tout.

Charlize haletait, appuyée contre l'acier froid de sa voiture. Les joues mouillées de larmes, elle observait, sans les voir, les bouts de ses chaussures. Son cerveau en léthargie était incapable de lui donner un ordre concret. Pourquoi a-t-il inventé cette adoption ? Cela n'avait aucun sens. Charlize cherchait, en vain, une motivation à cet énorme mensonge. Désespérée, elle se préparait à monter en voiture quand son regard fut attiré par Stan occupé à faire des grands signes des deux bras.

Elle suivit, du regard, la direction de ces signes et aperçut Jimmy marchant à grands pas. Visiblement, les deux amis avaient rendez-vous. Stan avait-il contacté Jimmy suite à l'entrevue avec sa femme ? Entre amis, c'est normal de se soutenir. Charlize donnerait cher pour connaître leur conversation. Elle ne se décidait pas à remonter dans sa voiture. Et si elle les surprenait ? Devant Stan, son mari serait bien obligé de répondre à ses questions. Les minutes défilaient durant ses tergiversations avec elle-même. Allez, qu'ai-je à perdre, pensa-t-elle en rejetant ses épaules en arrière d'un geste de défi.

Le « bar debout » se situant tout au bout de la galerie commerçante et occupant un angle, on pouvait donc y accéder par deux entrées. Charlize, la gorge serrée et pas fière d'elle, avançait lentement en essayant de repérer les deux compères. Soudain, elle stoppa net sa marche, les battements de son cœur s'accélérèrent, une sueur froide perla à son front tandis que ses jambes lui semblaient en coton.

Une vision horrible, un sentiment de fin du monde, colère et nausée se mélangeaient dans un tournis épouvantable. Stan et Jimmy riaient aux éclats en compagnie d'une blondasse que Jimmy embrassait sur la bouche à un rythme ressemblant à un jeu. Je t'embrasse, je bois un coup, je rigole, je t'embrasse, je bois un coup, je rigole…

Charlize s'enfuit lâchement.

* * *

La jeune femme ne sait pas quel chemin elle a pris pour rentrer chez elle. Elle se retrouve au volant de sa voiture face à sa maison, sa pelouse, son garage, son nid d'amour comme elle disait à une certaine époque qui lui semble aujourd'hui à des milliers d'années lumière de sa vraie vie. L'envie d'avaler toutes les boîtes de médicaments est grande, ce serait la fin de tous ses soucis. L'adoption, le cancer, sa fausse maladie mentale et, à présent une « vraie » maîtresse… Trop, c'est trop. Elle a une terrible envie de le tuer, les tuer, lui arracher les cheveux et les yeux. Arracher la blondasse crinière de cette fille et lui casser sa denture de cheval. C'est tout ce que Charlize a retenu du grand éclat de rire, une denture énorme et éclatante comme un défi.

C'est vital pour sa santé, elle doit s'extérioriser, il faut qu'elle parle. Il n'y a que sa raisonnable amie d'enfance, Sophie, qui pourra l'écouter, l'entendre surtout et l'aider de ses conseils judicieux car non subjectifs. Elle était sa demoiselle d'honneur à son mariage, Jimmy l'avait draguée, pour rire paraît-il.

Sophie avait un regard sans concession sur « le mytho » comme elle l'avait surnommé. Leurs rapports s'étaient espacés, réduits à quelques coups de fil ou messages sur GSM. De temps en temps, elles s'offraient un repas entre copines et terminaient leur journée par un lèche-vitrine. Aucune ne parlait de Jimmy, devenu sujet tabou afin de préserver l'amitié.

Sophie arriva une heure après le coup de fil désespéré de son amie. Elle était rarement venue dans cette maison et, c'est avec un peu d'appréhension qu'elle y pénétra. Charlize se jeta dans les bras de son amie, elle sanglotait et trépignait à la limite de la crise de nerfs. Sophie la conduisit tendrement vers le divan sur lequel elle l'aida à s'étendre.

L'amie de toujours tamponnait les tempes et le front de Charlize d'eau fraîche tout en l'écoutant sans l'interrompre. Tout fut déballé en vrac, Sophie n'y comprenait rien mais laissait son amie se vider de ses rancœurs. L'abcès vidé se guérirait plus vite.

– Ma chérie, comment as-tu pu garder tout cela pour toi, il n'y a rien de plus mauvais. Julos Beaucarne te dirait « tout ce que l'on garde pourrit, tout ce que l'on offre fleurit. »

Autour d'un thé parfumé au citron vert, Sophie questionne et écoute son amie afin de mieux comprendre sa situation.

Les vannes sont ouvertes, Charlize n'arrête plus, de l'adoption au cancer en passant par le manque d'enfant et sa soi-disant maladie mentale, de ses inquiétudes au quotidien et, finalement, de la découverte d'une supposée maîtresse, elle raconte tout. Lorsque Charlize s'arrête un instant afin de déguster une gorgée de thé, Sophie la psychologue pose une question, émet un avis, essaie d'aider son amie à démêler l'écheveau des mensonges du « mytho ».

– C'est très intelligent ce qu'il a fait, il vous a tous manipulés en inventant ce qu'il savait qui vous toucherait. Le salaud connaissait ton sens de l'honneur, tu ne ferais jamais du mal sciemment à ses parents. Je ne sais pas s'il fait cela intuitivement ou si tout est calculé mais il a le vice dans la tête, ce pauvre type !

À cet instant, le téléphone fixe retentit, Charlize sursaute comme à l'annonce probable d'une catastrophe. C'est sa mère.

– Comment vas-tu, ma chérie, j'ai appris ton jour de congé, tu n'es pas malade au moins ? La voix apparaît lasse, comme détachée.

– Non maman, je suis allée chez Trevorr…

– Ah oui, j'adore ce garçon malgré son, sa, enfin tu sais…

– Son homosexualité, oui maman et alors, ça change quoi ?

Charlize éclate en sanglots, Sophie prend l'appareil.

– Excusez-moi, Bettina, il se passe de drôles de choses ici, si vous aviez le temps de passer…

– Viens, maman, s'il te plaît, hurle Charlize.

– J'arrive.

La maman de Charlize a raccroché, elle sera chez sa fille dans un quart d'heure.

Bettina serre très fort sa fille dans ses bras tandis que Sophie lui détaille les dernières nouvelles concernant Jimmy. Charlize trouve sa mère un peu distraite, pas tout à fait dans le sujet. Elle donne l'impression d'être inquiète pour autre chose. Charlize, malgré son chagrin, veut comprendre sa maman.

– Je sais que c'est dur à entendre, maman, mais toi aussi tu as des problèmes, je le sens depuis un certain temps. Je ne voudrais pas que ce soit moi qui te donne des inquiétudes supplémentaires. Je vais me ressaisir, divorcer, quitter cette maison de malheur car, finalement, j'ai cru être heureuse et ce n'était qu'un leurre.

– C'est sans doute un grand malade, ton mari, dit Bettina sans grande conviction.

– Tu as un avenir brillant, tu rencontreras un autre amour et tu auras des enfants. Je suis certaine que tu auras enfin la vie que tu mérites, dit Sophie en embrassant son amie. Je vous laisse entre vous, vous avez certainement un tas de choses à échanger.

– Merci ma Sophie, je te contacte dès qu'il y a du nouveau. Ce qui m'ennuie, c'est que je vais passer pour une mauvaise femme qui abandonne son mari malade.

– Malade ? Dans sa tête, oui, c'est un grand malade ! Moi, à ta place j'aurais posé des questions aux clientes de Trevorr, elles auraient ainsi compris que c'était un affabulateur. Il est capable de tout, ce type, aucun respect pour ses parents avec cette invention d'adoption. Je le savais dragueur, il saute sur tout ce qui bouge avec une jupe, ce salaud. Le jour de votre mariage, il a essayé de me coincer dans un coin, c'est pas dégueulasse, ça ?

Après le départ de son amie surexcitée, Charlize se calme et réalise l'ampleur de la situation. Elle s'est effacée pendant des années, a caché ses peines, a laissé son mari prendre des libertés parce qu'elle avait confiance, n'étant pas d'un naturel jaloux. Les sanglots reprennent, Bettina lui dissout un cachet dans un verre d'eau.

– Calme-toi, ma chérie, je suis contente que tu puisses compter sur Sophie, vous étiez comme deux sœurs et puis ton mariage a tout cassé, j'en connais la raison à présent. Je vais téléphoner à ton père, nous allons t'aider à prendre des dispositions.

– Non, attends encore, il faut que je réfléchisse.

– Attendre quoi ? Que ce type revienne la bouche en cœur pour encore te mentir, t'inventer des histoires ? Je parie qu'il va trouver des excuses telles que « c'était un jeu », tu as mal vu, ou, plus vicieux, il va te reprocher de l'avoir espionné.

Le GSM de Charlize carillonne. C'est Jimmy.

– Comment vas-tu ? Je rentrerai plus tard, je vais aux soins. T'inquiète pas, je mange avec les copains. Charlize, tu m'entends ?

La jeune femme presse un mouchoir roulé en boule sur sa bouche, Bettina lui arrache l'appareil des mains et hurle. Oui, elle t'entend, sale type, tu vas manger avec ta maîtresse, c'est ça ? Je vais parler à tes parents de ton adoption, tiens. Elle éteint l'appareil d'un geste sec et pousse un soupir de soulagement, ouf, ça fait un bien fou. Charlize, stupéfaite, bouche ouverte, observe cette virago. Elle n'a jamais vu sa mère dans un tel état même lors des disputes avec son père.

Bettina tremble de la tête aux pieds, ses joues sont rouges de colère, elle écume de rage.

– Je téléphone à ton père, j'ai l'impression que Jimmy va se ramener dare-dare.

– Maman ! Charlize découvre une mère lionne. Cette colère n'est pas due uniquement aux problèmes de sa fille, celle-ci en est certaine. Elle a l'impression que sa mère règle des comptes avec une autre personne également.

Serait-il possible que le couple de ses parents aille si mal que cela ? Mon Dieu, c'est un ouragan dévastateur qui déboule sur la famille.

Le temps d'expliquer la situation à Jean par téléphone, Jimmy ouvrait la porte avec fracas. Son regard inquiet jure avec le sourire narquois.

– Et alors, belle-maman, on a une petite crise de doute ? Si ça ne va pas chez vous, ce n'est pas une raison pour venir exciter ma femme contre moi.

Sans complexe, il charge. Ne dit-on pas que la meilleure défense, c'est l'attaque ? Les deux femmes ont quand même un peu de mal à garder leur assurance devant cette attitude et, cela, pour des raisons différentes. Sophie et sa mère avaient raison, en manipulateur professionnel, il essaie de retourner la situation en sa faveur.

– Sophie m'a raconté, à notre mariage…

– Tiens, elle est venue ? Une vipère jalouse de notre bonheur et qui m'a fait les yeux doux pendant des années, elle est parfaite ton amie ! Tu appelles à l'aide ton entourage pour m'enfoncer quand la maladie m'affaiblit, c'est d'un courage, bravo ma chérie, tu veux m'achever ?

– Je t'ai vu au « bar debout », balbutie Charlize plus trop certaine de ce qu'elle a envie d'entendre.

– Et alors ? Qu'as-tu vu ? Des amis qui rigolaient et se faisaient des blagues. J'ai bien le droit de m'amuser un peu. Je ne sais pas combien de temps je vais vivre normalement, j'en profite un peu, c'est pas bien méchant.

– Tu l'embrassais sur la bouche.

– Ah, tu m'espionnais. Stan m'avait prévenu que tu posais des questions, tu es tombée bien bas, laissa-t-il tomber d'un ton méprisant.

Charlize sent ses défenses craquer lorsque la porte s'ouvre sur la silhouette de son père. Papa, s'écrie-t-elle en se précipitant dans les bras protecteurs tandis que Bettina s'éclipse vers la cuisine afin de préparer un bon café fort et du thé revigorant. Le silence est glacial. Jimmy se lève, lance un regard ironique vers Jean et part vers sa chambre.

– Allons, pas de précipitation, que se passe-t-il ?

– Demandez à votre fille, sa mère et son amie Sophie lui montent le bourrichon contre moi. Vous savez comment cela se passe dans un ménage, n'est ce pas cher beau-père ?

Charlize oublie un instant ses soucis, elle avait raison de s'inquiéter du couple de ses parents. Une certaine tension, certes discrète, règne au sein du couple et Jimmy donne l'impression de connaître leurs soucis. Les bruits de portes d'armoire qui claquent, la vaisselle qui s'entrechoque, des effluves de café avertissent de l'arrivée du plateau porté par une Bettina nerveuse. Les époux s'évitent du regard et, pourtant, Charlize ne sent pas d'animosité dans le couple.

Cela ne doit pas être très grave, pense-t-elle, centrée sur ses propres problèmes.

* * *

Tandis que la jeune femme et ses parents se servent de thé et de café bienvenus pour calmer leurs émotions fortes, Jimmy descend l'escalier en tirant deux lourdes valises à roulettes.

– Tu fuis tes responsabilités, mon garçon, as-tu peur de regarder la vérité en face ? Jean parle normalement, sans acrimonie, afin de ne pas blesser sa fille déjà assez meurtrie. Prends une tasse de café avec nous.

– Oh ça va, vous, lance Jimmy sans aménité, occupez-vous de votre ménage. Je ne vous demande rien, je me soigne seul et vous, vous jouez les donneurs de leçons, vous cachez bien votre jeu, vous donnez l'image d'une famille modèle mais qui êtes-vous en réalité, votre fille ne sait pas tout, n'est ce pas ?

– Mon ménage se porte bien et pas grâce à toi, tu as raté ton but. Même un mythomane peut, parfois, se planter. Tu es très mal placé pour donner des leçons et ta manipulation ne marche plus, tout au moins avec nous. Nous savons que tu n'as pas été adopté.

– Où vas-tu, s'inquiète Charlize malgré tout.

– Mais à l'hôpital, ma chérie, je ne sais pas me soigner tranquillement chez moi, je dois donc me faire hospitaliser. Le ton grinçant et sarcastique de Jimmy atteint sa femme en plein cœur, elle est sur le point de le supplier de rester. Si ses parents n'étaient pas à côté d'elle, elle se jetterait dans ses bras en lui demandant pardon d'avoir douté.

Après le départ de leur gendre, les parents et Charlize évitent de prendre la parole. Ils savent intuitivement que la première parole lancée pourrait être maladroite et créer ainsi un malaise qui aggraverait la situation. Chacun regarde soit sa tasse soit ses chaussures, le silence envahit la pièce. Cherchent-ils les mots justes ?

Charlize pousse un énorme soupir. C'est la fin de son mariage, elle le sait. Il y va de sa survie mentale. Il finirait par la démolir avec ses mensonges à répétitions qui n'ont aucun sens. Il y a des gens qui mentent « utile » mais la mythomanie[1] va au-delà, c'est une maladie mentale. Charlize se promet de lire des bouquins sur ce sujet. Elle regarde ses

1 Mythomanie : tendance pathologique, plus ou moins consciente, à mentir, à fabuler, à simuler.

parents, la gêne est palpable. Serions-nous monstrueux avec nos doutes démesurés ? Charlize n'est pas loin de se sentir coupable et d'en vouloir à ses parents. Qu'a voulu insinuer son mari à propos du ménage de ses parents ? Ils n'ont rien à cacher, c'est un ménage conventionnel, normal quoi !

– Hem, Jean se racle la gorge. Hum, hum, pour éclaircir cette situation, il n'y a qu'une façon de procéder, parler à sa maîtresse, à ses parents, à ses copains.

Jean a déclenché un retour à la normalité. Chacun se remet en mouvement, Bettina part refaire du café à la cuisine, Charlize envoie un texto à Sophie pour l'inviter à revenir parmi eux. Les idées fusent, tout est remis en question. Charlize en profite pour essayer de comprendre la gêne de ses parents avant l'arrivée de son amie mais ceux-ci se bloquent arguant que ses problèmes sont plus urgents à résoudre que leurs petits bobos au cœur.

Leur fille devra se contenter de cela pour l'instant. Sophie à nouveau assise aux côtés de son amie, la conversation peut prendre une tournure plus axée sur l'urgence des décisions à prendre.

– Il faut faire une enquête sérieuse.

– Je vais rencontrer le professeur Milano.

– Et moi, je parlerai à ses parents.

– Et si je le suivais ? On peut aussi engager un détective privé.

– À mon avis, le plus urgent, c'est de rencontrer les parents de Jimmy. Ils sont concernés avec cette fausse adoption, non ?

Charlize a obtenu, par téléphone, un rendez-vous immédiat avec ses beaux-parents. Ses parents se chargeront du médecin de famille tandis que Sophie partira à la chasse aux copains et éventuelles maîtresses. C'est un véritable conseil de guerre qui se termine.

* * *

Christine et Alain reçoivent leur bru avec un mélange de curiosité, d'anxiété et d'excitation. Si c'était pour annoncer une naissance, les futurs parents viendraient ensemble. C'est dans la logique des traditions. Que peut-elle leur vouloir ? De l'argent ? Elle s'adresserait à ses parents. Dans l'expectative, ils ne peuvent que la recevoir et attendre ses explications. Alain s'attendait à ce que Charlize vienne se plaindre de la conduite de son fils. Il est bien placé pour connaître ce genre de plainte et pas peu fier de se reconnaître dans son rejeton. Mais il ne s'attendait pas à un tel déferlement de questions précises et de détails sur les mensonges éhontés de son fils.

Christine avait préparé les tasses et les biscuits ainsi que le café et le thé préféré de sa belle-fille. Une manière sans doute d'atténuer ce quelle supputait. Charlize, embarrassée, les avait étreints plus longuement que d'habitude, ce qui n'avait pas rassuré la maman de Jimmy.

– Merci de me recevoir, avait dit Charlize un peu trop pompeusement à son goût. Voilà, je ne veux pas vous faire de la peine mais c'est important pour moi, j'ai une question importante à vous poser.

– Avez-vous adopté Jimmy ?

L'ahurissement ayant envahi les deux visages, la jeune femme considère avoir reçu la réponse à sa question. Elle s'y attendait mais espérait quand même avoir tort.

– Quoi ? Qui colporte ces mensonges ? Qui ose inventer de telles sornettes ?

– Lui. Depuis notre mariage, mes parents et moi connaissons les circonstances de sa naissance, enfin, de la naissance qu'il nous a racontée. Vous l'avez adopté car Alain a eu une aventure avec une fille de seize ans, elle s'est retrouvée enceinte et pour éviter un scandale, vous l'avez adopté.

Christine est horrifiée. Son pauvre garçon est devenu fou à cause de la vie dissolue de son père.

En effet, il a eu de nombreuses aventures et avec des filles très jeunes. C'est vrai qu'il a été soupçonné d'en avoir mis une enceinte, mais les parents ont retiré leur plainte quand deux jeunes garçons ont revendiqué la paternité. C'était une petite coureuse, une putain comme sa mère, avait pensé Christine à l'époque. La colère l'envahit soudain tel un raz de marée. Elle en a marre de son mari volage, de son fils mythomane, de cette sainte nitouche de belle-fille et de ses parents donneurs de leçon, et des médisants, et des ragots, et de tout, na ! Que doivent penser et rapporter les gens ? Car, bien sûr, Jean et Bettina, depuis dix ans, ne se sont sûrement pas privés de raconter l'enfance malheureuse de leur fils. Quelle honte ! Mon Dieu, ce fils, c'est ma punition, pense-t-elle, le nez dans son mouchoir. Le regard collé à la moquette.

Alain, lui, balance entre le rire, la gêne et l'envie de confirmer à Charlize le mensonge de son fils rien que pour le plaisir de voir les têtes horrifiées. Il se reprend et affiche une mine de circonstance, sévère tout en étant compréhensive.

– Bon, soyons clairs. Je n'ai jamais été un saint et ma femme a toujours pardonné mes écarts avec une grandeur d'âme qui n'a d'égale que sa tolérance pour mes faiblesses. Je peux te jurer, chère Charlize, que cet enfant qui est devenu ton mari, nous l'avons conçu ensemble et, ajoute-t-il avec une pointe d'ironie inutile, il a bien mes qualités et mes défauts pour « ça ». En appuyant sur « ça », il enfonçait méchamment le clou. Charlize se sentait mal, très mal.

– Je sais, dit-elle sèchement, je l'ai surpris aujourd'hui en mauvaise compagnie. Vous, vous diriez, sans doute, en charmante compagnie.

Rire d'Alain, soupir discret de Christine. Charlize perd patience. Elle qui voulait les protéger, elle se sent presque ridicule devant leur façon de minimiser. Bientôt, ce sera de sa faute, elle, l'empêcheuse de tourner en rond autour des femmes. Non mais !

– Je vous ai gardé le plus grave pour la fin, susurre-t-elle, préparant sa vengeance sans avoir l'air d'y toucher. Sa fierté en a pris un coup et cela lui mettra un peu de baume sur ses blessures. Oh, elle le sait que la vengeance n'adoucit pas le malheur mais c'est humain après tout.

– Ah bon, ne me dis pas que tu es enceinte ?

– Alors, pour vous, c'est grave d'être enceinte ? J'ai presque pitié de votre fils, tiens. Je commence à comprendre ses tares. Ce serait grave si j'étais enceinte d'un autre puisque vous savez que votre fils ne sait pas procréer à cause de l'accident.

– Quel accident ? Alain et Christine ont posé la question ensemble.

Décidément, se disait Charlize, j'ai vécu dix ans dans une pièce et un décor de théâtre. Tout est faux, en toc. Elle n'a plus envie de parler, elle connaît les réponses. Son éclat de rire résonne dans la pièce comme un cri de douleur.

Mi fâchés, mi conciliants, les parents de Jimmy expliquent que c'est un manque de spermatozoïdes qui l'empêche de procréer, c'est de naissance. Ils croyaient que Jimmy avait prévenu sa fiancée avant le mariage. Ils pensaient que, par amour, elle avait accepté quand même de l'épouser, ajouta pernicieusement Alain.

– C'est dingue, soupire Charlize épuisée. Tous ces mensonges, c'est comme pour son cancer…

– Quoi ? Tu nous annonces que notre fils a un cancer, comme ça, comme si tu nous racontais une de vos sorties. Mais tu es inconsciente ou non ? Tu n'as aucune compassion, aucune pitié pour nous ?

Et puis, les questions fusent. Charlize ne sait pas y répondre, ne connaissant pas elle-même les réponses.

– Tu vis avec lui, quand même, tu dois savoir.

– Et vous, vous êtes ses parents, vous ne m'avez rien dit de votre mythomane de fils. Vous trouvez cela honnête ?

Ils se regardent, gênés. Ils ne vont quand même pas s'envoyer tous les reproches à la tête à cause de Jimmy qui mystifie son entourage depuis l'enfance.

– Qu'allons-nous faire ? murmure Christine en larmes.

– Vous, je ne sais pas. Moi, je vais mener mon enquête et je vous jure que votre fils, cancer ou pas, je le quitte. Je vous le laisse. Sa place est en psychiatrie.

Charlize, soulagée d'une partie de sa colère, enclenche le moteur de sa voiture, elle a envie d'un bol d'air frais, un besoin de se ressourcer, de se vider de toute cette ignoble comédie, une furieuse envie d'étrangler Jimmy, de lui arracher ses cheveux, de voir enfin avec son vrai visage. Charlize se déchaîne au volant, la musique à fond comme la pédale de l'accélérateur. Elle ne ralentit que pour s'engager sur le parking d'un AC restaurant. Là, elle craque, éclate en sanglots convulsifs et frappe des poings sur le volant. Une demi-heure plus tard, elle s'attable en compagnie d'un énorme quartier de tarte brésilienne et d'un verre de vin rouge. Sa façon à elle de se consoler comme on console un enfant en lui offrant des sucreries. Elle a pris une décision, elle va prolonger de quinze jours son mois de congé. Elle les avait gardés pour les vacances à la neige. Il y a plus urgent, à présent. Des vacances, elle en aura encore et sans ce mari indigne.

* * *

Jimmy, l'homme de toutes les attentions, inconscient des remous créés au sein des deux familles, lève son verre de Kir Royal vers sa compagne. Le restaurant où il l'a invitée convient parfaitement à son état d'esprit du moment. Les lumières tamisées ainsi que les boxes individuels seront parfaits pour la grande déclaration qu'il va faire à la femme blonde assise en face de lui. Celle-ci sourit de toutes ses grandes dents blanches. Un vrai sourire de publicité s'il n'y avait cet air benêt. On s'attendrait presque à ce qu'elle bêle.

Jimmy ne s'en formalise pas, il a trouvé la femme de sa future vie, celle qui le comprend sans poser de questions. Une femme pas très futée, c'est exactement ce qui convient à un homme comme lui. Et puis, elle est pas mal, assez décorative, elle ferait une épouse pas compliquée pour un sou et agréable à sortir de temps en temps. À trente-cinq ans, jamais mariée, elle vivait encore chez papa maman, gagnait très bien sa vie. Fille unique, ses parents avaient pensé à son avenir à tous points de vue.

– Suzette, veux-tu m'épouser ?

– Oh oui, Jimmy, j'attends ce moment depuis si longtemps. À présent que tu as déposé tes affaires chez mes parents, ils savent que tu veux vraiment vivre avec moi. Quand ta femme sera partie, nous occuperons ta belle villa.

– N'exagère pas, nous nous connaissons depuis un an seulement, c'est notre anniversaire aujourd'hui. Tu ne m'attends pas depuis si longtemps.

– Oui, je sais. Quand je dis des années, je parle de ma vie, j'attends le prince charmant depuis vingt ans, sais-tu mon chéri, glousse la belle naïve.

– Demain, j'irai parler à tes parents. Ensuite, on ne se verra plus pendant quelques semaines, tu en connais les raisons.

– Oui, mon chéri, c'est à cause de ton ex-femme. Elle te cause encore des problèmes. Quand vas-tu la faire interner ?

– Bientôt, elle me fait du chantage au suicide si je la quitte alors tu comprends, je ne voudrais pas qu'il lui arrive un malheur. Je te remercie d'être si patiente.

– Mais depuis le temps que vous êtes divorcés, je ne comprends pas que vous habitiez encore dans la même maison !

– Je sais, elle est mentalement malade, son père me menace de mort si je la quitte. Je suis obligé d'y aller lentement, à pattes de velours, tu comprends.

La blonde répondant au doux prénom de Suzette a tout gobé et attend avec impatience son mariage avec son prince charmant.

– Mes parents t'adorent, mon chéri, ils vont te gâter comme si tu étais leur propre fils, crois-moi. Toi qui a été maltraité par tes parents adoptifs et par la famille de ton ex-femme, tu vas être choyé.

Jimmy n'attendait que cela, naturellement.

* * *

Pendant ce temps, Charlize, ses parents et Sophie sont partis à la chasse aux indices qui leur permettront de démêler le vrai du faux.

Le médecin de famille n'a pas vu Jimmy depuis plus d'un an et s'étonne de ce cancer soigné à Érasme. Il a promis à Jean et Bettina de prendre des renseignements, il les contactera dès que possible. Son regard gêné ne laisse aucun doute sur l'issue de ses recherches, le médecin est déjà persuadé d'une imposture suite aux détails entendus de la bouche des parents de Charlize.

Ceux-ci gardent un doute, malgré tout. N'ayant aucune malice en eux, ils ne peuvent concevoir un tel mensonge. Tant de duplicité les dépasse. Et si c'était vrai, si Charlize, malheureuse, avait vu le mensonge où il n'y en pas ?

– Par contre, la maîtresse, elle ne l'a pas imaginée. J'ai bien envie de suivre ce gaillard pour connaître ses secrets.

– Laisse tomber, parlons d'abord à notre fille, elle est la première concernée et elle a son mot à dire.

Ce soir, ils sont réunis chez les parents de Charlize. Il y a l'amie Sophie, bien sûr, mais aussi des membres de la famille, oncles, cousins, cousines, tantes, un véritable rassemblement en soutien à Charlize ainsi qu'à ses parents. Chacun y va d'une explication, d'un commentaire, certains proposent leur aide. Cela fait du bien, ce va et vient dans la maison, quoi que, Charlize pense plutôt à une réunion mortuaire. Elle n'en dira rien, consciente que sa famille l'entoure par amour et solidarité. Par moments, le silence s'installe, il n'est troublé que par le tic-tac de l'horloge ancienne héritée de l'arrière grand-tante Agathe et des bruits de tasses en porcelaine entrechoquées par les petites cuillères en argent. Bettina a sorti la belle vaisselle. Comme à l'enterrement de grand-mère, pense sans rire Charlize. Un coup de coude discret de Sophie lui fait comprendre que leurs pensées sont en adéquation, le fou rire fuse, les deux amies en pleurent tandis que la famille, les cuillères en l'air, les observe, stupéfaite.

– Excusez-nous, balbutie Sophie, c'est du nerveux et puis, l'ambiance, j'ai pensé à un enterrement.

– Moi aussi, s'exclame Charlize, j'ai l'impression d'enterrer ma vie de femme mariée, dit-elle en se mouchant bruyamment. Et c'est bien ainsi.

* * *

Il leur aura fallu une dizaine de jours pour démêler les mensonges de Jimmy, plus ils creusaient plus ils découvraient l'inimaginable. Ainsi, la gêne de ses parents. Charlize avait fini par les obliger à parler : Jimmy leur avait raconté, à chacun, avoir vu l'autre en « excellente » compagnie. Jean et Bettina n'avaient pas osé en parler ouvertement entre eux, un doute subsistait. À présent, le malaise dissipé, ils savent qu'ils peuvent encore se faire confiance. Finalement, sans le vouloir, Jimmy leur a donné une bonne leçon : se parler, crever l'abcès, il n'y a rien de tel pour garder la confiance dans un couple.

Le médecin de famille avait prévenu Charlize, pas de professeur Milano à Érasme ni ailleurs. Aucune inscription au nom de Jimmy en chimiothérapie dans les hôpitaux Bruxellois. Il fallait se rendre à l'évidence, le Mytho avait frappé fort.

Charlize assemblait les pièces d'un puzzle qu'elle découvrait au fur et à mesure. Le puzzle d'une vie imaginée par un grand malade.

Elle se sentit soulagée malgré le deuil à faire de ses dix ans de mariage. Il y eut plein de démarches désagréables à effectuer comme la vente de la maison, le divorce et le partage des biens.

Jimmy a pu, une dernière fois, montrer son mépris pour les sentiments d'autrui. Lors du déménagement de ses meubles et valises, Suzette l'accompagnait, tout sourire et dents dehors. Ceux qui aidaient Charlize n'en crurent pas leurs yeux, quel manque de respect, quelle effronterie de leur part. Charlize sourit, elle connaît à présent les complexes de Jimmy et la bêtise de sa future femme.

* * *

– Le harcèlement moral existe chez certains couples, celui ou celle qui le subit ne s'en aperçoit pas immédiatement. Le harceleur endort sa victime avec des mots, des phrases qui cachent son besoin d'avoir le pouvoir absolu sur l'autre. Dans le cas de votre mari, Madame, avait dit la psychologue, vous avez vécu avec un mythomane doublé d'un harceleur. Il a pratiqué, inconsciemment ou pas, une sorte de lobotomisation sur vous. Heureusement, vous êtes psychologiquement très forte, vous vous en sortirez plus facilement que lui qui est, à mon avis, incurable. Le mythomane, au contraire du menteur, croit en ce qu'il raconte. Il se crée une vie qui lui convient mieux que celle qu'il vit. C'est en général un complexé soit à cause de problèmes familiaux soit à cause d'un héritage de certains gènes. Votre mari ne supporte pas d'être éconduit, il n'admet pas qu'on lui résiste et il veut tout, tout de suite, en égocentrique qu'il est. Par exemple, lorsque vos parents ont refusé votre mariage, il a inventé cette histoire d'adoption afin de les apitoyer, leur compassion était sa meilleure arme pour les manipuler. Le mythomane invente pour cacher certaines situations mais aussi, et surtout, afin de mieux manipuler l'autre. Vos parents et vous étiez trop sains et désintéressés pour imaginer des mensonges ou des trahisons. Vous lui aviez donné votre confiance, vous n'aviez aucune raison de mettre ses paroles en doute. Surtout, ne culpabilisez pas. Il est allé trop loin dans ses délires et, au pied du mur, il n'a trouvé qu'un cancer imaginaire pour continuer à vous garder sous sa coupe. C'était une dernière tentative désespérée. À mon avis, il doit être très malheureux pour en arriver à de telles extrémités. En mentant à toute la famille, il s'assurait le silence de tous. C'était tordu mais efficace. Il faut avoir une intelligence supérieure comme lui pour ne pas s'emmêler dans les mensonges et retomber sur ses pieds chaque fois qu'il risquait d'être démasqué. La psychologue avait rarement entendu une histoire aussi compliquée. Jimmy était, pour elle, un cas exceptionnel.

Ce garçon devait être retors, pervers tout en ayant une capacité incroyable à manipuler son entourage. C'est, en substance, ce que Charlize a retenu de ses séances.

Charlize marche allègrement. Demain, rendez-vous chez le notaire pour la signature du divorce et la vente de la maison. Malgré un pincement au cœur, la jeune femme se sent étrangement légère.

– Je vous le laisse de bon cœur, dit-elle en pensant à la pauvre Suzette qui va gober tous les bobards de son cher mari.

Épilogue

Les années ont passé…

Charlize s'est remariée, elle a un petit garçon.

Jimmy a épousé Suzette qui a découvert qu'elle n'aurait jamais d'enfant avec son mari. Celui-ci a été condamné pour détournements de fonds de sa société. Les parents de Suzette, ruinés par lui, ont déposé plainte.

Alain court toujours le guilledou tandis que Christine se dessèche de plus en plus sur place comme une plante verte non arrosée et oubliée.

Bettina a subi un cancer du sein. Tout va bien, elle pouponne son petit-fils en compagnie de Jean, gaga de cet enfant.

Ah oui, j'oubliais… Trevorr a épousé son amoureux, Charlize était invitée à la noce.

Il suffisait d'un signe

On ne peut empêcher les oiseaux noirs de voler au-dessus de nos têtes mais on peut les empêcher d'y faire leur nid.

Proverbe chinois

Deux garçons d'une dizaine d'années se chamaillaient dans la cour d'une maison. L'aîné traitait son cadet de deux ans, de « poule mouillée ». Fort de son droit d'aînesse, il commandait, s'emparait des jouets, le coinçait pour éprouver son degré de résistance. Il maintenait une pression constante sur le « petit ». Les parents n'y voyaient aucune malice, ce qui confortait le « grand » dans son harcèlement. Henri, dit « le petit », subissait depuis sa naissance, les agaceries de son frère Armand, dit « le grand ». Vu de l'extérieur, il n'y avait rien de dramatique à cela. Les adultes savaient, ou croyaient savoir, que tous les enfants sont comme cela, c'était normal qu'un enfant soit jaloux de l'arrivée d'un petit frère. Il ne fallait pas se mêler de leurs jeux, c'étaient des gamins, ils devaient s'endurcir. Selon l'éducation des parents reçue de la génération précédente, l'aîné avait, tacitement, plus de droits que le second. Et puis, pourquoi ne se bougeait-il pas aussi, celui-là ? Son frère lui apprenait la vie et que faisait-il ? Il minaudait comme une fille alors que sa famille essayait d'en faire un futur homme fort.

Jamais Henri n'avait reçu un nouveau vêtement ni un nouveau cartable, il « usait » ce qui devenait trop petit pour son frère. En grandissant, leurs différences se marquaient de plus en plus. Le père donnait des responsabilités à Armand et l'emmenait avec lui tandis qu' Henry restait à la cuisine avec sa mère et sa grand-mère. Il ne s'en plaignait pas, au contraire, cela lui convenait très bien.

– C'est une femmelette, ce gamin, lançait le père, assis à la table du repas pendant que le fiston déposait fièrement un plat qu'il avait cuisiné lui-même.

Henri aimait cuisiner, il n'y avait rien de troublant à cela sauf pour les esprits obtus, enfermés dans leurs croyances obsolètes qu'un garçon doit se battre et jouer aux voitures tandis qu'une fille joue à la poupée et apprend à être une bonne ménagère.

– J'espère qu'on n'a pas fabriqué un pédé, grommelait l'homme en se couchant. Cela vient sûrement du côté de ta famille. Chez nous, les garçons sont normaux.

Les garçons recevaient des cadeaux, bien sûr. Armand en était ravi mais Henry ne savait que faire des gants de boxe ou de la voiture de pompier. Il avait reçu, un jour, le vélo devenu trop petit pour son frère tandis qu'Armand en obtenait un tout neuf, d'un rouge rutilant.

– Fais pas cette tête, frangin, un jour, il sera à toi. Si je ne l'ai pas cassé avant, ajouta-t-il en s'esclaffant.

Henri ne se plaignait pas. Il vivait sa vie en pensant que c'était normal, que tous les enfants de la terre vivaient ainsi.

Physiquement, la discordance entre les deux frères était frappante. Autant Armand arborait une chevelure blonde et un corps épais comme son père, autant les taches de rousseur d'Henry, la finesse de sa silhouette et ses mèches rousses le différenciaient du reste de la famille. Cela provenait d'un aïeul éloigné du côté maternel, avait découvert le père. Dans la cour de récréation, les filles s'agglutinaient autour d'Henry et les garçons se moquaient de lui. Armand, de par sa carrure et son caractère, devint une sorte de chef de bande tandis qu'Henri aidait les filles à nouer leurs lacets, à réciter leurs devoirs, à courir pour attraper un papillon. Il n'y avait pas de dualité entre les frères pour les études, ils n'étaient pas dans la même classe. Henry trouvait, là, son havre de paix, il pouvait extérioriser son côté artistique. Personne n'y trouvait à redire. Les filles en étaient folles, les autres garçons le trouvaient bizarre mais sans plus et la maîtresse l'encourageait dans ce qu'il aimait. Il voulait être cuisinier dans un grand restaurant ou peintre ou coiffeur pour dames. Il ne racontait pas cela chez lui ni dans la cour de récréation, les autres se moquaient déjà assez de lui.

– Tu t'es pas lavé, t'es plein de rouille dans ta figure !

– Eh, fifille, t'as pas mis ta jupe ?

Lorsque cela allait trop loin, Armand défendait son frère à coups de poings autant pour défendre l'honneur de la famille que pour montrer sa force. Parfois, le frère aîné avait des attentions gentilles pour son petit frère. En revenant de l'école, ils bavardaient gaiement et oubliaient leurs différences. Tout en le rabrouant, Armand aimait Henry mais les parents ne lui avaient pas appris à exprimer ses sentiments. Le garçon bourru ne pensait pas vraiment à faire du mal à son petit frère plus fragile. Ils avaient été éduqués par des parents qui reproduisaient ce qu'ils avaient eux-mêmes vécu, sans se remettre en question ni imaginer qu'il puisse y avoir des différences entre les enfants.

Si une certaine complicité s'établissait, parfois, entre les deux frères, le retour à la maison les remettait dans leurs différences de par l'attitude des parents, du père surtout mais aussi par la bêtise de la mère.

– Si je n'avais pas accouché à la maison, je pourrais croire qu'on s'est trompé de bébé à la maternité. Il n'a vraiment rien de nous, cet enfant-là, avait-elle lancé en plein milieu d'un banquet familial réunissant les deux familles pour un mariage. Ce n'était pas la première ni la dernière fois qu'elle parlait de son fils de cette manière détachée. Armand ressemblait à son père. Il était sur les mêmes rails, il vivait en conformité avec leurs idées et leurs « à priori ». Armand était un « Castien » pur jus mais Henry ne ressemblait à personne avec son côté artiste, son apparente fragilité de femme, sa douceur enfantine.

Henry, qui ne se trouvait pas très loin, entendit et n'oublia jamais. Lui-même se demandait souvent s'il n'était pas un enfant adopté. Et pourtant, que pouvait-il reprocher à ses parents ? Ils l'aimaient, la famille entière l'aimait mais on ne le comprenait pas, il sortait du moule ordinaire. Et comme tout ce qui est différent effrayait, on éloignait un éventuel danger. On le rejetait sans essayer de comprendre cette différence. En attendant l'occasion de prendre son indépendance, Henri subissait les injustices de parents pas très futés, à la limite de la méchanceté gratuite. Les classes primaires terminées, l'aîné avait choisi une école technique, option mécanique. Le père apprécia et décida, deux ans plus tard, qu'Henri rejoindrait son frère en mécanique.

– À vous deux, vous pourrez ouvrir un garage, c'est l'avenir. Vous aurez un bon métier et vous gagnerez très bien votre vie.

L'affaire était réglée, sans appel, sans concertation. Henri en pleurait, de rage et de compassion pour lui-même.

– Un homme, ça ne pleure pas, entendit-il. Nous nous sommes privés pour vous élever et c'est tout le merci qu'on reçoit ! En mécanique, tu vas apprendre à te salir les mains, tu feras moins le fier. Tes belles mains qui font la vaisselle, à présent, tu vas les tremper dans le cambouis, fais-moi confiance.

Les parents étaient à mille lieues de tout ce qui touchait au spirituel, à la psychologie des êtres. Ils auraient été choqués si quelqu'un s'était avisé de remarquer les lacunes de leur éducation.

L'écart se creusait, insensiblement, entre les deux frères. Quand cela avait-il commencé ? Henri dirait depuis sa naissance, Armand argumenterait sur la susceptibilité de son frère, son manque d'humour, son égoïsme.

– Oui, tu es égoïste. Tu veux tout ramener à toi. Tu es jaloux parce que tu n'es pas né le premier. Dis-le que les parents s'occupent plus de moi que de toi, tu le penses, je le sais.

Henri avait souffert de ces paroles de mauvaise foi. Paroles d'adolescent, certes, mais qui reflétaient si bien l'ambiance créée par les parents. C'était Armand qui se conduisait en grand frère possessif, c'était Armand qui décidait des jeux ou du programme télévisé, c'était encore lui qui lui avait piqué sa première petite copine avec un « tu ne sais pas y faire » des plus méprisants. Mais c'était aussi lui qui lui avait appris à fumer, à raser son premier duvet, à se défendre dans une bagarre.

Il y eut peu de tendresse, beaucoup de bagarres et, parfois, de la haine, dans cette famille. Une haine cachée, visible seulement dans le regard acéré du père, dans la bouche sans lèvres de la mère, l'arc de la bouche serrée tombant vers le bas, le sourire inexistant. Ils avaient accompli leur « travail » de parents sans états d'âme, comme un devoir, une obligation. Ils ne se tracassaient pas outre mesure pour l'avenir de leurs fils. Dans leur esprit, c'était acquis, en toute logique, ils continueraient la lignée des « Castien ».

Henri souffrait. Devenu adulte, il se posait des questions pour quatre. Il n'avait pas été maltraité au sens propre du terme, il pensait que ses parents l'aimaient mais… il y avait toujours un « mais » dans l'esprit d'Henry. Armand était costaud mais Henri était de constitution fragile, Armand était intelligent mais Henri n'était « pas bête », Armand avait du caractère mais Henri était un mou. Ce n'étaient que des mots lancés au hasard des conversations, Henry les recevait comme des marques au fer rouge. Qu'avait-il fait à ses parents pour leur déplaire ? Était-ce de sa faute s'il n'était pas comme eux ? Il n'avait pas démérité en réussissant des études qu'il n'avait pas voulue. Il s'était conformé aux habitudes de la famille alors que, dans son for intérieur, il exécrait leurs manies, leur mesquinerie[1], leur petite vie dans leur petite maison où pas un napperon ne bougeait d'un centimètre. Il voulait aimer ses parents. Eux ne se laissaient pas aimer. La différence était énorme mais comment expliquer, à des esprits épais, ce qu'il ressentait au plus profond de son être.

* * *

Depuis son mariage, Henri avait pris confiance en lui. Il se sentait enfin « chez lui », dans une ambiance joyeuse, entouré de deux enfants épanouis, d'une épouse aimante qui le comprenait et l'aidait à cicatriser le passé. Il prenait des initiatives, s'ouvrait aux nouveautés, empruntait des chemins inconnus avec un appétit décuplé par les privations de l'adolescence. Henri assumait très bien son rôle de père et de mari, quoi qu'en ait pensé le père, ce n'était pas une femmelette ni un homosexuel. Annie, son épouse, lui avait fait découvrir les bienfaits de la tolérance, chaque personne est différente et personne n'est tout blanc ou tout noir. Elle partageait aussi avec lui cet amour pour la peinture et cette aptitude à aimer la vie sous toutes ses formes, à accepter les autres tels qu'ils étaient. Mais lorsqu'il se retrouvait devant ses parents, il redevenait le petit garçon taiseux, effrayé de mal faire ou mal dire.

Finalement, les deux frères n'avaient pas exaucé le vœu de leur père d'ouvrir un garage. Armand travaillait dans un grand garage concessionnaire Fiat, Henri avait été engagé comme électromécanicien à la SNCB. Le père en voulut à Henri, le seul responsable, à ses yeux, de l'échec de son rêve.

Au fil des années, l'écart s'était creusé entre les deux frères ainsi qu'entre Henri et ses parents. Il leur rendait visite régulièrement plus par habitude et respect que par amour filial. Il s'y rendait seul en semaine et avec sa famille les jours de fête. Le même rituel se répétait indéfiniment. Les

1 Mesquinerie : manque de générosité.

enfants, devenus adolescents, ne voulaient plus les accompagner, ils s'y ennuyaient, disaient-ils. Henri n'insista pas, sachant ce que lui-même avait enduré sous le regard, en permanence, inquisiteur de ses parents. Dans la maison parentale, le décor figé depuis des lustres semblait, à présent, statufié. Le service à café « du dimanche », la nappe cirée de « tous les jours » et la nappe en coton pour les fêtes, l'heure des repas, l'heure du café et du morceau de tarte du dimanche après-midi, la place de chaque bibelot posé sur un napperon jauni, la place des photos en noir et blanc des garçons en communiants sur le mur au-dessus du buffet de la salle à manger, rien n'avait bougé d'un millimètre. Seules, les photos en couleurs des petits-enfants ajoutaient une note colorée dans ce musée garni de plantes vertes démodées. C'était grâce à ces photos glissées dans un « pêle-mêle » ou coincées sur la cheminée de la cuisine que les deux frères avaient un aperçu de la famille de l'autre. Lors de la nouvelle année, il leur arrivait de se croiser devant la traditionnelle petite goutte de prunelle et la galette au beurre. Ils échangeaient des banalités sur la vie, la météo, le boulot et repartaient chacun de leur côté en laissant les parents heureux de leur journée.

– J'en peux plus, ces visites corvées me pèsent de plus en plus. Parfois, j'ai envie de crier, de casser un objet ou de leur taper dessus rien que pour voir leur tête changer. C'est fou hein ?

– Tu ne les changeras pas, à leur âge, il est trop tard. Espace tes visites, cela t'énervera moins. C'est un conseil, tu fais comme tu veux, ce sont tes parents.

Annie n'appréciait pas trop ses beaux-parents mais n'avait jamais voulu empêcher son mari de leur rendre visite. Elle y allait avec ses enfants aux grandes occasions et ce n'était pas l'accueil qu'elle recevait qui l'incitait à y aller plus souvent. Ils étaient très corrects, rien à redire. Les mines hermétiques des parents d'Henri n'incitaient pas aux confidences, encore moins à la rigolade. Elle avait toujours l'impression d'avoir dit ce qu'il ne fallait pas. Les enfants se plongeaient dans une bande dessinée et n'ouvraient la bouche que pour dire « bonjour, au revoir ». Annie était agacée par les réflexions du couple, d'un autre siècle, sur l'éducation des enfants et des jeunes mères de famille qui s'habillaient comme des filles de rue. Elle ignorait les remarques, semblait croire que cela ne s'adressait pas à elle ni à ses enfants. Mais, au bout de quelques années, cela pesait lourd, très lourd.

– On ne va quand même pas se disputer pour eux !

– Ce sont mes parents, ils sont vieux, c'est toi qui me pousses à leur rendre visite et puis tu râles.

Au retour de ces visites, la tension était palpable dans le foyer d'Henri. Annie jurait de ne plus y retourner, les enfants en profitaient pour revendiquer ce droit également. Jusqu'au jour où…

* * *

Le jour du Nouvel An, traditionnellement, la famille d'Henri se présenta au domicile des parents de celui-ci. En arrivant, ils sentirent une chape de plomb peser sur l'ambiance de la maison. Armand s'y trouvait en compagnie de son épouse et de ses trois enfants. D'emblée, le frère aîné donna le ton en attaquant son frère.

– Ah, te voilà, toi. Je suis content de pouvoir, enfin, te parler les yeux dans les yeux.

Henri ressentit l'appréhension de son enfance quand son frère lui préparait un mauvais coup. Il se sentit atteint et répondit plus vertement qu'il n'aurait voulu.

– Tu connais mon adresse, qui t'empêche de venir me voir ? Je n'ai jamais été invité chez toi, je ne me permettrais pas de m'imposer mais nous, c'est à plusieurs reprises qu'on vous a invités.

– Et voilà, naturellement, Monsieur est encore vexé, Monsieur se sent attaqué. Tu ne changes pas, hein ? Faut toujours que tu sois la pauvre victime de la famille.

Annie, silencieuse jusque là, ne put s'empêcher de soutenir son mari.

– Je ne vois pas en quoi il joue la victime, vous ne…

– Ah, vous, la femme, taisez-vous, ne vous mêlez pas de cela. C'est une histoire entre hommes et frères.

Le père avait élevé la voix. Le regard glacial, il toisait sa belle-fille. Celle-ci n'ayant pas l'habitude qu'on lui parle sur ce ton, se rebiffa.

– Je ne suis pas une gamine et encore moins votre fille. Et si je vous dois du respect pour votre âge, vous devez en avoir pour moi-même et votre fils également. De plus, vous vous mêlez de ce qui ne vous regarde pas, le dialogue se déroule entre Armand et Henri, vous n'avez rien à faire dans leur relation.

– Oh, la prétentieuse. Pour qui, elle se prend ? Elle fait des grandes phrases et veut me donner des leçons ? Ici, ma petite, c'est moi le patron et si ça ne vous plaît pas, la porte est là.

D'un geste brusque, il tendait son bras vers la sortie. Annie se leva sans un mot, elle salua l'assemblée et sortit, ses enfants la suivirent sans saluer leurs grands-parents ni la voisine et amie du couple, présente comme souvent par curiosité.

– Ce sont vos grands-parents, vous leur devez le respect, retournez-y et embrassez-les avant de partir.

Les enfants s'exécutèrent en ronchonnant tandis que leur père sortait, la mine défaite. Il prit sa femme dans ses bras en s'excusant.

– Tu n'as pas à t'excuser à leur place, tu n'es pas responsable de leur bêtise.

Je ne peux pas accepter que l'on me traite ainsi, je n'ai pas été éduquée comme au moyen âge, moi ! Propose à ton frère de venir à la maison, vous n'êtes plus des enfants, vous pouvez discuter sans l'aval de vos parents quand même !

Henri, mal à l'aise, contacta son frère qui déclina l'invitation. Une semaine plus tard, une lettre parvint chez Annie et Henri. Armand, par l'entremise d'un notaire, exigeait de son frère une signature en bas d'un document ressemblant, à première vue, à un testament des parents. Stupéfaction du couple, le document stipulait qu'en cas de placement dans un home pour personnes âgées, la maison des parents revenait à Armand, à charge, pour lui, de s'occuper seul de ses parents.

– Qu'est-ce que cette entourloupe ? Je n'attends rien de mes parents mais je n'ai jamais refusé de les aider. Ils n'ont jamais rien dit, mon frère non plus. Je m'en fout de leur maison. Par principe, je vais quand même leur demander des explications. Pas question de laisser cette situation pourrir, j'y vais tout de suite.

Comme il s'y attendait, les visages reflétaient une méchanceté égale à l'épaisseur de leur insondable imbécillité. Ils jouèrent leur meilleur rôle, celui de parents incompris et tiraillés entre deux fils qui ne s'étaient jamais aimés, qui se laissaient influencer par leur femme. Surtout Henri qui avait épousé une « intellectuelle » qui se prenait pour le nombril du monde et qui se permettait de donner son avis dans une famille qui n'était pas la sienne. Tout y passa, ils vomirent leur venin, ils crachèrent leur aigreur. Henri se taisait, abasourdi par tant de haine. Pourquoi ses parents le détestaient-ils à ce point ? Qu'avait-il bien pu commettre comme désordre dans cette famille en venant au monde ?

Henri refusa de signer le document en prétextant que ses parents n'étaient pas prêts à quitter leur maison. Ils lui rétorquèrent qu'ils feraient leur testament en conséquence et qu'ils ne souhaitaient plus ses visites s'il ne se calmait pas.

Un soir, Henri se rendit, à l'improviste, chez son frère. La personne qui ouvrit la porte ne le connaissait pas, elle se présenta comme la belle-mère d'Armand, elle vivait avec sa fille depuis son veuvage. Très affable, la dame lui proposa d'entrer boire une tasse de café. Elle était seule, ils étaient au cinéma. Henri écouta cette femme qui n'avait qu'une envie, parler, parler et encore parler. Il apprit, ainsi, que son frère avait l'intention de s'installer à son compte comme garagiste et que la maison de ses parents était idéale pour installer son commerce, que son papa était heureux de vivre la réalisation d'un rêve qu'il n'avait jamais pu concrétiser lui-même. Henri se gardait bien d'interrompre la pipelette et ne montrait aucun sentiment afin de ne pas la troubler. Il comprit, très vite, les relations étroites qu'entretenaient les deux familles, les deux belles-mères s'entendaient comme larronnes en foire. Henri en avait appris suffisamment pour ne plus avoir envie de rencontrer son frère. Armand lui prendrait aussi la maison de son enfance comme il lui avait tout pris depuis qu'ils étaient petits. Ce n'étaient pas les bons souvenirs les plus nombreux, mais un lien très fort le reliait à cette maison. C'est sans doute pour cela qu'il retournait régulièrement chez ses parents, par nostalgie du passé. Henri, avec sa bonté naturelle, y trouvait, malgré tout, des instants agréables. Il avait cette aptitude à oublier le négatif et à pardonner facilement, il avançait dans la vie sans ressasser le passé. C'était aussi l'œuvre de sa femme, éduquée dans une toute autre ambiance. Ils partaient régulièrement en vacances avec les parents d'Annie qui avaient élevé leurs enfants dans une atmosphère joyeusement compréhensive. C'étaient eux qui gardaient leurs petits-enfants pendant que les parents travaillaient. Henri se sentait tellement bien dans la douceur de cette famille totalement à l'opposé de la sienne. Son beau-père le considérait comme un fils à part entière.

– Je veux passer chez mes parents, dit-il abruptement, un soir de cafard. Je dois régler ce problème. J'y vais.

Annie, soucieuse, ne proposa pas de l'accompagner. Il devait affronter ses parents et leur montrer qu'il était un homme responsable qui assumait ses actes.

Il toqua contre le bois vernis et entra sans attendre de réponse. Ses parents n'étaient pas seuls, Françoise, la voisine et amie de sa mère buvait une liqueur en leur compagnie. Il la connaissait depuis toujours, elle se plaisait à dire qu'elle avait vu naître les deux garçons, c'est tout juste si elle n'avait pas aidé à l'accouchement de son amie. Henri n'aimait pas cette médisante voisine. Tous les jours, elle venait, sous un quelconque prétexte, s'asseoir à la table de la cuisine. En habituée, elle se servait une tasse de café et entamait sa litanie de cancans et calomnies sur le voisinage.

– Elle n'a pas ouvert ses rideaux avant onze heures, vous vous rendez compte, Alberte ? C'est une honte. Quand fait-elle son ménage ?

Alberte, la mère d'Henri aurait pu lui rétorquer que pendant leurs parlotes, elles non plus ne faisaient pas leur ménage mais, à quoi bon se mettre la voisine sur le dos. D'autant plus qu'Alberte chipotait dans sa maison ou cousait pendant que l'autre déblatérait. Ce n'était pas déplaisant d'entendre les ragots, c'était un peu comme si ses propres soucis se trouvaient diminués en écoutant les tracas des autres. Il y a toujours plus pauvre ou plus malheureux que soi.

Lorsque Henri entra, aucune des trois personnes ne bougea. Chacune pour des raisons différentes. Le visage de fouine de la voisine se tendait dans l'impatience d'assister à une discussion et, peut-être plus. Ses petits yeux rapprochés et mobiles ne quittaient pas la silhouette du fils cadet de ses voisins. Son museau pointu au-dessus d'un menton inachevé donnait à sa figure l'air de ce qu'elle était, une « fouille merde » comme l'avaient surnommée les deux frères adolescents, victimes des dénonciations de cette mégère.

Les parents, devant la voisine, jouèrent les blasés, ils voulaient montrer leur indifférence vis-à-vis de leur fils. Un bref silence plana après les salutations. Henri inspira très fort et regarda calmement la voisine.

– J'aimerais discuter seul avec mes parents, Françoise. Vous pouvez vous en retourner chez vous s'il vous plaît ?

– J'allais partir, j'allais partir, glapit-elle d'une voix criarde et vexée.

Dès le départ de Françoise, la mère attaqua.

– Pour qui te prends-tu de mettre les gens dehors ? Tu n'es pas chez toi ici.

– Oh, ça, je le sais. Si votre copine n'a pas assez d'éducation pour comprendre qu'elle doit partir, je dois bien lui dire, non ?

– Nous n'avons pas de secrets pour elle !

– Je le sais aussi. Elle rapporte tous vos ragots dans la rue.

À la soudaine pâleur du visage de ses parents, Henri sut qu'il avait touché un point sensible. Certaines personnes ont l'art de « tirer les vers du nez » de leurs congénères et Françoise, la voisine, était passée maître en la matière. Sous couvert de confidences personnelles, elle provoquait l'échange qui, immanquablement, amenait des confidences que sa voisine n'aurait jamais faites de son plein gré. Poussée par sa chère amie Françoise, Alberte se déchargeait avec soulagement. Enfin, une personne qui comprenait ses malheurs. Gus, le mari d'Alberte et père d'Armand et Henry, entendait les cancans mais n'y prêtait aucune attention, partant du principe que c'était une affaire de femmes.

Devant le mutisme de ses parents, Henry, venu avec de bonnes intentions, perdit patience et osa, enfin, déballer à ses parents, tout ce qu'il avait sur le cœur depuis son enfance. Sa poubelle intérieure à vider débordait d'un trop plein de tristesse, d'injustices et de comptes à régler. À plusieurs reprises, son père essaya de lui couper la parole mais le torrent de paroles, de phrases, de mots justes frappait plus durement après chaque respiration. Les parents rapetissaient au fur et à mesure que leur fils se vidait. Il termina en accusant sa mère de se laisser influencer par Armand et sa famille ainsi que par la voisine fouineuse.

– Je ne vois pas ce qu'elle vient faire là-dedans, réussit à placer Gus d'une voix enrouée par le long silence obligé et une certaine gêne naissante.

– Vous ne voyez pas qu'elle se réjouit de vos malheurs ? Comme une charogne, elle se repaît de nos disputes, elle n'est contente que lorsque vous avez de la peine car, alors, ses propres désastres familiaux lui semblent bien dérisoires.

– Je ne peux pas te laisser continuer à parler de la voisine ainsi. Tu es venu pour cela ou pour une conversation sur autre chose ?

– Oui, je suis venu vous dire, entre autre, que je ne signerai pas le document qui favorisera Armand, j'écrirai au notaire.

– Ah, je m'en doutais, éructa le père. Toujours cette jalousie, hein ? Il a le droit de se mettre à son compte et s'il le fait ici, je pourrai l'aider puisqu'il a un frère qui ne veut pas se salir les mains !

– Et puis, brailla la mère, au moins, nous resterons chez nous, on ne nous placera pas dans un home !

– Ce n'est pas ce que j'ai cru comprendre.

– Si tu n'acceptes pas, inutile de remettre les pieds ici.

– D'accord, je sors de cette maison et je n'y reviendrai jamais !

Henri claqua la porte en laissant derrière lui ses souvenirs qui, finalement, lui importaient peu. Il vit le rideau de la voisine onduler et se dirigea d'un pas ferme vers sa porte. Arrivé devant la maison, il imagina tellement bien Françoise se sauver dans sa cuisine en couinant, qu'il éclata d'un rire tonitruant. Nom de Dieu, que ça fait du bien, pensa-t-il en se dirigeant vers sa voiture. Son dernier pied de nez fut un large sourire en direction des deux maisons qu'il n'était pas près de revoir.

* * *

Les années ont passé. Henri et Annie sont d'heureux grands-parents, ils vivent en belle harmonie avec la famille d'Annie et quelques couples d'amis. Henri a signé le document de son frère chez le notaire puis n'a plus jamais parlé de sa famille à quiconque. Comme s'il était orphelin. Sa vraie famille, il l'a créée au fur et à mesure des années. Ne dit-on pas que sa famille, on la subit et que ses amis, on les choisit ? Pour Henri, certains de ses amis étaient devenus mieux que des frères.

Ce jour-là, comme tous les jours, Annie lisait le journal après le départ d'Henry à son travail. À la page des faits-divers, elle survolait les accidents de la route en sirotant sa dernière tasse de café quand un détail lui sauta aux yeux. Elle relut plusieurs fois le nom du conducteur de la voiture golf qui avait percuté un camion. C'était Armand, son beau-frère. L'article indiquait qu'il était dans un état critique mais on ne précisait pas dans quelle clinique il avait été emmené. Elle ne pouvait pas attendre le retour de son mari, il fallait qu'elle lui téléphone. Annie fut très surprise de sa réaction, pas un mot de compassion, aucune émotion ne transparaissait dans ses propos. Il ne posa pas de questions comme si cela ne le concernait pas. Annie n'osait pas téléphoner à ses beaux-parents, elle connaissait à peine sa belle-sœur et pas du tout leurs enfants. Qu'aurait-elle pu leur dire ?

Dès le retour de son mari, elle entreprit de le convaincre de contacter ses parents. Un haussement d'épaules lui répondit tandis qu'il s'enquérait du menu du souper, comme si rien ne s'était passé. Le lendemain matin, un samedi, donc jour de congé, Annie prépara le petit déjeuner préféré de son mari : chocolat chaud et tartines grillées beurrées. Il aimait le beurre qui coulait à travers la mie et lui tombait sur les doigts et le menton, il en riait. Ce matin aussi, il riait. Rien, aucun évènement exceptionnel ne l'avait perturbé. Annie en était très affectée, elle ne comprenait pas son attitude. Face à la mort, on oublie tout, on pardonne, finit-elle par lui dire entre deux tartines.

– Quelqu'un est mort ?

– Ben non, je n'ai pas dit cela, murmura l'épouse, gênée. Vexée aussi.

La journée se passa naturellement en courses, visites des enfants et petits-enfants. Annie n'osa plus aborder le sujet mais l'envie de savoir la taraudait. Elle s'en rongeait les ongles devant une série télé qu'elle regardait sans la voir. Elle souhaitait que les deux frères se retrouvent au cas où… Au cas où quoi ? Elle ne savait même pas s'il était encore en vie. Elle ne dormit pas de la nuit, elle cherchait le moyen de donner le déclic à Henri. Elle connaissait bien son mari, elle savait qu'il s'était construit une armure qui ne laissait rien passer. Comment pourrait-elle essayer de forcer le passage ? Soudain, une idée surgit. Elle grimpa dans le grenier aussi discrètement qu'une souris et redescendit avec une vieille boîte en carton. Assise à la table de la cuisine, elle fouilla, trouva, écrivit, disposa le tout bien en évidence et remonta se coucher, bien décidée à se lever la dernière en ce dimanche matin.

Henri remonta les volets de toutes les pièces, s'étira devant la fenêtre de la cuisine et prépara le percolateur pour la première tasse de café. Depuis leur mariage, tous les dimanches matins, il préparait lui-même le petit déjeuner pour deux, puis pour quatre, puis pour deux à nouveau et pour tous quand les petits-enfants étaient en vacances. Ces petites attentions qu'il n'avait pas connues chez ses parents, Annie lui avait appris à les savourer sans honte. Les câlins, les gestes tendres, les bisous spontanés, il savait les apprécier.

En déposant les bols sur la table en bois de la cuisine, il découvrit une enveloppe, la main de sa femme y avait écrit « pour toi, lis avant de m'éveiller ». Il connaissait son écriture en pattes de mouche quand elle était énervée. Or, l'écriture bien déliée et droite semblait donner un ton serein à ce qui serait découvert. L'homme ôta deux grandes feuilles manuscrites et une photo en noir et blanc qu'il observa. Son regard impassible détaillait, sans complaisance, les deux garçons enlacés au-dessus d'un toboggan, ils riaient aux éclats, l'un des garçons avait perdu une incisive et sa bouche grande ouverte découvrait le trou. C'était lui qui avait perdu une dent et la petite souris n'existait pas, ses parents auraient trouvé cela enfantin, pas digne des garçons. Insidieusement, les souvenirs revenaient à la surface, lentement mais sûrement. Il prit les feuillets et, en buvant sa première tasse de café du matin, commença la lecture. Au fur et à mesure qu'il avançait dans sa lecture, son visage se crispait puis se détendait, ses yeux picotaient, ses mains tremblaient. Il oublia son café, ne pensa plus à rien d'autre qu'à cette histoire qu'il lisait. Un conte, comme un conte de fées, avec deux fins. L'une positive, l'autre négative. La lettre se terminait par une phrase courte, sibylline : à toi de choisir. Et là, d'un coup, sans prévenir, les vannes s'ouvrirent. Henri hurla comme une bête, sanglota comme un enfant et se précipita dans la chambre où sa femme l'attendait les bras grands ouverts. Elle lui caressa tendrement les cheveux, essuya ses larmes, le berça comme un bébé. Il reniflait, hoquetait comme un enfant qui a trop pleuré. Il s'imprégnait de son odeur de femme, de sa tendresse. Il n'en avait pas manqué durant son mariage mais ce retour dans le passé lui donnait un goût de trop peu. Encore, murmurait-il lorsque les gestes se raréfiaient. Deux heures plus tard, il était prêt à affronter ses démons, ses parents, son frère et la terre entière.

Dès qu'il sonna chez ses parents, une fillette blonde vint lui ouvrir.

– T'es qui toi ? dit-elle de sa voix fluette.

Les mêmes cheveux blonds que son grand-père, pensa-t-il, la gorge nouée. Une femme brune s'appuya au chambranle de la porte, des cernes gris lui mangeaient le visage, elle essaya bravement d'esquisser un sourire qui ne vint pas.

– Vous êtes Henri, n'est ce pas ?

Il répondit d'un hochement de tête. Elle lui proposa d'entrer, il refusa d'un signe. Il voulait juste voir son frère. Dans quel hôpital se trouvait-il ? Comment était-il ?

La femme renvoya la petite à l'intérieur afin qu'elle n'entende pas. Elle se présenta, elle était la belle-sœur d'Armand, sa sœur était auprès de lui ainsi que ses parents. Les médecins avaient prévenu qu'il ne passerait pas la nuit de vendredi à samedi et, curieusement, il était encore là. Il ne parlait pas mais comprenait tout. Son regard restait fixe et brûlant. C'est impressionnant, avait-elle conclu en s'excusant de rentrer pour les enfants. Henry conduisit calmement jusqu'à l'hôpital. Il avait dépassé le stade de s'imaginer l'accueil qu'il recevrait, il s'en moquait du regard des autres et de ce qu'ils penseraient. Il relisait, en pensées, ce que sa femme avait écrit pendant la nuit. L'histoire de deux frères qui avaient été élevés dans deux familles différentes. Dès qu'ils se rencontraient, ils se disputaient, se battaient et se jalousaient. Les familles n'osaient plus les mettre en contact. Jusqu'au jour où l'un des deux frères fugua et disparut. Le frère restant au pays en conçut, bizarrement, un énorme chagrin, comme si on lui avait ôté une partie de lui-même. Pourtant, ils se connaissaient à peine et se détestaient. Annie proposait deux fins au choix du lecteur. Le garçon n'entendit plus jamais parler de son frère et il resta, à vie, amputé d'une partie de lui-même. L'autre fin : Un jour, le garçon reçut un signe, un dessin dont eux seuls connaissaient la signification. Il partit à la recherche de son frère, le retrouva dans un hôpital et ils ne se quittèrent plus.

– Monsieur Castien, quelle chambre s'il vous plaît ?

– Dans quel service ?

– Je ne sais pas, soins intensifs, je pense.

– Donnez-moi sa date de naissance, vous êtes de la famille ?

– Je suis son petit frère.

– Ah, je vois. Je vais vous conduire.

L'infirmière avait eu un regard attendri à l'énoncé du « petit » frère. L'homme, devant elle, avait eu des intonations de petit garçon.

Dans la chambre, quelques personnes chuchotaient. Henri ne vit que des ombres, il ne s'en préoccupa pas et s'avança lentement vers le lit. Deux regards s'accrochèrent et ne se quittèrent plus. Un regard brûlant suspendu au regard angoissé. L'aîné encourageait encore le petit. Il semblait dire : t'inquiète pas.

Henri s'accroupit afin de se trouver à la hauteur du visage de son frère tourné vers lui. Ils ne se touchèrent pas, ils se regardaient, absorbaient chacun le regard de l'autre. Armand fit un clignement d'yeux et Henri se pencha.

– Comment t'es là ?

– J'ai reçu un signe.

Un lent sourire se dessina lentement sur les lèvres du blessé.

– Je t'aime, chuchota, très bas, Armand. Si bas que, seul, Henry, l'entendit.

– Je t'aime, mon grand frère murmura-t-il à son oreille puis lentement il recula, pas à pas, vers la porte sans quitter son frère des yeux. Deux regards brûlants, aimants. Deux regards d'enfants qui, grâce à un signe avaient pu se retrouver avant le grand départ de l'un des deux.

Un aller et retour Bruxelles Midi.

Si l'on bâtissait la maison du bonheur,
la plus grande pièce serait la salle d'attente.

Jules Renard

La salle des pas perdus bruisse de tout ce qu'une gare peut contenir : des voyageurs chargés de bagages ondoyant entre des groupes immobiles, des navetteurs pressés, des familles aux aguets, en attente et qui se retrouvent à grands renforts de cris et de sanglots, des scouts entonnant leurs chants guerriers… Les escalators chuintent en emportant leur cargaison de passagers figés vers les quais de départ. Rien ne ressemble plus à une salle d'attente de gare qu'une autre salle d'attente de gare, mais celle de la gare de Bruxelles Midi est immense et abrite une série de commerces colorés et des bars incitant le touriste à s'asseoir pour se désaltérer. Des odeurs de friture, de graillon, de gaufres, de pizzas flottent et s'entremêlent aux aigres relents de bière et de poussières, un mélange indéfinissable propre aux salles de gare qui s'ajoute aux effluves de carburant. À intervalles réguliers, des annonces fusent par les haut-parleurs tandis que s'affichent, sur grands écrans, les heures de départ des trains, les arrivées et les retards. Le préposé aux renseignements est assis dans une sorte de rotonde en verre, le micro et un téléphone devant lui. Ce personnage impavide écoute et répond aux inquiets, aux perdus et aux excités sans éducation qui râlent au moindre retard de train. Son flegme en refroidit plus d'un.

* * *

– Le train à destination de Bruxelles, Louvain entre en gare voie 3.

Dans les escaliers de la gare de La Louvière, un homme et une fillette, chargés de bagages, se pressent et grimpent in extremis dans un des wagons du convoi.

L'homme se tait, l'enfant d'une dizaine d'années babille sans pratiquement reprendre sa respiration. Elle a encore tant de choses à raconter. L'entend-il ?

Ce n'est pas important. Ce qui compte, c'est le contact oral, visuel, sensuel. Ils ont eu le week-end pour se raconter l'école, les copines, les disputes et réconciliations, les bonnes et mauvaises notes, pour elle, le travail, le cafard, le manque d'elle, les amis , la famille, l'avenir, les futures grandes vacances, pour lui.

Ils se pressent, instinctivement, l'un contre l'autre, sur la banquette. Ils se respirent une dernière fois avant le prochain week-end, dans quinze jours. Chacun aspire les odeurs de l'autre pour en faire une provision olfactive. L'enfant a entouré son cou d'une écharpe masculine.

– Ainsi, je sentirai ton odeur, dit-elle dans un sourire encourageant vers l'homme tendu à ses côtés.

Le train file. Arrêts obligés à Écaussinnes, Braine-le-Comte, Tubize et Halle. Le climat change au départ de la gare de Halle. La fillette se pétrifie, son visage se tire, son regard se voile. Elle a branché son MP3 et ne parle plus. L'homme a croisé les bras sur son torse puissant comme une armure de protection, il se mord nerveusement les lèvres. Au fur et à mesure que le train glisse vers Bruxelles Midi, le père et la fille se tassent l'un contre l'autre tels deux poussins apeurés dans un nid.

Pschttt…

– Le train à destination de Bruxelles Central, Bruxelles Nord, Louvain, entre en gare quai 18.

La voix impersonnelle accueille les voyageurs sur le quai venteux de Bruxelles Midi.

Dans la salle des pas perdus, une jeune femme marche nerveusement, les mains enfoncées dans les poches de sa parka. Elle lève les yeux vers l'escalator amenant les voyageurs du quai 18.

* * *

Dans la galerie commerçante de la gare de Bruxelles Midi, un fleuriste occupe un coin entre deux allées de la salle d'attente bruyante. Les vitrines magnifiquement colorées de bouquets floraux offrent aux passants une touche attirante dans cette immensité grisâtre. C'est l'endroit qu'a choisi la petite fille, depuis deux ans, pour quitter l'un et retrouver l'autre. Une fois dans un sens, une fois dans l'autre. L'homme et la femme se tiennent raides, face à face à une distance respectable de cinq à six mètres. Le regard haineux et méprisant de l'une, le corps tendu de colère retenue de l'autre, ils se jaugent telles deux bêtes féroces à l'affût de la moindre faiblesse de l'autre. Mentalement, ils sont au milieu d'une arène sablée et grattent le sol de leurs sabots dans l'espoir d'impressionner l'adversaire avant de le vaincre.

– Va dire à ton père que tu n'iras plus chez lui en train.

La voix claque, sans appel.

– Dis à ta mère que…

– Dis à ton père que…

Les phrases assassines s'entrecroisent. Entre ces deux personnages immenses dans leur ressentiment, une petite fille se tient à égale distance. D'instinct, elle ne se rapproche pas plus de l'un que de l'autre, elle a l'habitude de ménager les susceptibilités de ses parents séparés. Elle tourne la tête vers l'une puis vers l'autre au rythme des phrases crachées. Finalement, ses mouvements saccadés se ralentissent, elle se balance d'un pied sur l'autre en priant que l'un ou l'autre se lasse et décide de partir. Corporellement, elle prend ses distances avec ses deux parents. Un signal qu'elle transmet mais qui n'est pas perçu par ces personnes emmurées dans leur rancœur.

L'échange verbal devient de plus en plus hargneux. La femme crie, à la limite de l'hystérie, des reproches mille fois assénés. Le fiel coule de sa bouche tandis que l'homme se tait sans bouger afin de ne pas alimenter la rage de son ex-épouse. Mal lui en prend, elle le traite de lâche, de minable, d'hypocrite, de dégonflé…

Les passants se retournent sur cette scène de ménage, certains sourient, d'autres s'écartent en les ignorant et quelques-uns s'arrêtent carrément en riant.

L'homme soulève les épaules d'un geste mi-fataliste, mi-dédaigneux. Et puis, soudain, le calme revient. Il y a comme un vide entre eux malgré le bourdonnement incessant de l'immense salle des pas perdus. Leurs regards se croisent, d'abord étonnés puis anxieux et, enfin, angoissés. Entre eux, la petite fille a disparu. Trop occupés à régler leurs comptes d'adultes orgueilleux, ils ont oublié leur enfant. Cette enfant qui, au milieu, recevait, de plein fouet, les reproches et les injures tels des coups physiques.

* * *

Elle est accroupie plus qu'assise sur les marches du coin le plus éloigné du centre de la gare. Là où personne ne peut la voir pleurer rageusement. Elle renifle, s'essuie les joues et le nez d'un revers de poignet brusque avant de reprendre ses genoux entre ses bras. Elle a failli partir encore plus loin mais la peur de se perdre en ville l'a arrêtée. La fillette s'en veut de sa lâcheté, elle voudrait partir loin, disparaître, mourir, même si le sens de ce mot est vague. Elle a vu des morts dans des films à la télévision mais jamais « en vrai ». Elle suppose que si elle mourait, son papa et sa maman seraient tellement tristes qu'ils se réconcilieraient et elle pourrait, alors, ressusciter pour vivre, à nouveau, à trois comme avant. Elle est arrivée, par hasard, dans cet escalier qui, apparemment, ne possède aucune issue. Une lassitude due à tous ces allers et retours empreints de tristesse, de colère, de rancune et de tous les sentiments d'adultes qu'elle ne comprend pas. Elle, la petite fille unique, chérie et gâtée par tous, se sent abandonnée et incomprise.

– Quand vas-tu revenir à la maison ?

– Jamais. C'est ta mère qui m'a mis dehors, j'ai ma fierté.

– Je voudrais qu'on se retrouve à trois comme avant.

– Jamais. Ton père est un irresponsable qui ne respecte pas sa parole.

– Mais j'ai rien à voir avec vos histoires, moi !

– Je sais, ma chérie, il faudra t'y habituer, je te promets que tu ne manqueras jamais de rien.

Mais si, justement, elle manquera toujours de la présence de l'un ou de l'autre. Elle se sentira, à jamais, coupée en deux. Ses amies la jalousent parce qu'elle a deux maisons, deux fois son anniversaire comme dans la chanson de Julien Clerc, mais elle s'en moque de tous ces cadeaux. Ce n'est pas compliqué, elle leur demande juste de vivre dans la même maison.

– Tu as de la chance, tu ne dois pas supporter les disputes de tes parents, lui a dit, un jour, sa copine de classe.

Ben si, justement, en plus de ne plus vivre ensemble, ils trouvent malgré tout le moyen de se disputer quand ils se rencontrent. Entre sa maman hystérique et son papa inébranlable dans son orgueil de mâle, la petite essaie vaille que vaille de trouver ses marques, chacun se rejetant la responsabilité des dégâts. L'enfant n'a pas encore trouvé la clef qui ouvrira la boîte contenant la solution à ses angoisses.

Elle s'est confiée à sa grand-mère, ballottée comme elle sur la mer déchaînée du couple en perdition. Celle-ci a trouvé les mots-pansements, les mots-tendresse, les mots qui consolent mais ne guérissent pas.

– Il va falloir que tu acceptes le fait que tes parents ne se remettront jamais ensemble.

– Jamais, je ne l'accepterai jamais !

– C'est pourtant la seule solution pour toi, ma chérie.

Cachée dans cet escalier poussiéreux, la fillette se cache la tête entre les genoux. Il faut absolument qu'elle trouve une solution à cette séparation. Elle a souvent recherché des idées dans les livres ou à la télé mais, à part Mary Poppins, elle ne voit pas qui pourrait réaliser ce miracle. Elle découvre, à dix ans, que la vie ne se déroule pas comme un conte de fées qui finit toujours bien.

Un sanglot secoue le petit corps et une plainte s'échappe de ses lèvres serrées.

– Je veux mourir, murmure l'enfant.

Voilà, elle sait ce qu'elle va faire : mourir pour les punir.

Ah, ils seront bien attrapés quand ils n'auront plus de fille ! Ou alors, cela leur fera une corvée en moins les weekends à la gare. Combien de fois maman n'a-t-elle pas reproché à son papa de l'obliger à venir dans une gare, elle qui déteste les gares. Elle voudrait mourir mais, en même temps, les voir pleurer et les sentir malheureux à leur tour. Si elle meurt, les verra-t-elle de là-haut ? Y a-t-il un « là-haut » ? Et l'enterrement ? Maman ne va-t-elle pas empêcher papa de venir comme elle l'a fait lors d'une fête scolaire ? Enfin, pour être juste, elle n'a pas empêché papa de venir, ils n'ont pas su se mettre d'accord pour les places du spectacle, comme d'habitude, comme pour le reste. Donc, pour l'enterrement, ce sera pareil. Ils vont encore se disputer. Alors, cela ne sert à rien qu'elle meure !

Blessée ! Voilà, elle doit s'arranger pour être seulement blessée et ils se réconcilieraient au pied de son lit à l'hôpital. Elle se voit couchée dans un grand lit blanc, entourée de peluches et de plein de bouquets de fleurs comme elle a vu à la télé pour les petites filles assassinées. Ses parents se tiennent par les épaules en pleurant et la supplient de ne pas mourir en lui promettant de se remettre ensemble. Elle s'imagine leur souriant tristement comme Cendrillon ou la Belle au bois dormant. Elle leur demandera de rentrer « à la maison » et aucun des deux ne posera la question qui tue : dans quelle maison ?

Elle s'invente une histoire fabuleuse où elle serait la première petite fille à avoir inventé « le » truc pour réconcilier tous les parents divorcés ou séparés. La télévision serait à la sortie de l'hôpital, tous les gens l'applaudiraient, les enfants la remercieraient et lui demanderaient des autographes comme pour Britney Spears ou Tokio Hôtel. Elle serait l'héroïne de la plus belle histoire d'amour inventée depuis des siècles.

Le froid de l'escalier la ramène à la réalité tandis que le haut-parleur diffuse un appel qu'elle entend à peine, il y est question d'enfant, de longs cheveux, d'une casquette bleue, d'un blouson gris…

La petite fille pense qu'il y a des enfants imprudents dans le monde, que c'est dangereux de quitter la main de papa ou de maman, qu'il faut toujours rester sous leur protection, que…

Mais, mais, c'est d'elle qu'il s'agit ! Ses parents s'inquiètent, ils ont lancé un appel, elle doit les rassurer. Les pauvres doivent être morts de peur à cause d'elle ! La fillette court en lissant ses pantalons poussiéreux, elle rit et pleure à la fois. Oh mon Dieu, elle ne voulait pas leur faire de la peine. Sa maman doit être occupée à pleurer tandis que son papa la cherche partout. Elle ne voulait pas ça ! Comment va-t-elle se faire pardonner ? Elle essuie ses larmes mêlées de poussières, ses joues sont fardées de gris, elle renifle un bon coup et enfonce sa casquette sur ses yeux rougis tout en filant vers le magasin décoré de si jolies fleurs fraîches.

Elle court, court, court… pour se jeter dans les bras de ses parents éplorés. Deux policiers prenaient des notes, ils stoppent avec un sourire de satisfaction, le bic en l'air, le visage serein. Le temps s'est suspendu, les bruits sont atténués.

La femme hurle sa douleur tandis que l'homme soulève le fillette dans ses bras. Celle-ci lui parle à l'oreille, il sourit et entre avec elle chez le fleuriste. La fillette sort, peu après, deux petits bouquets d'anémones dans les mains. Elle tend le bouquet rose à sa maman et le bouquet rouge à son papa.

– Gardez-les en souvenir de ma disparition, dit-elle dans un sourire taquin.

* * *

– Le train à destination de La Louvière, Binche est annoncé quai 18, crache le haut-parleur.

L'homme prend l'escalator, la femme et la fillette se dirigent vers l'entrée du métro. Tous trois repartent vers leurs habitudes, mais plus rien ne sera pareil. Les parents tiendront-ils la promesse faite à leur fille de ne plus se disputer devant elle ? De se conduire en adultes responsables ? C'est tout ce qu'elle a pu obtenir ce dimanche soir à la gare de Bruxelles Midi, mais la petite fille têtue ne doute pas un instant qu'un jour elle réussira à réunir ces deux-là. Chacun a repris sa route, son travail, son cocon journalier tandis que la fillette continue à tirer des plans sur la comète.

Préjugés, a priori, potins et autres crétineries…

Ce sont les plus petits esprits
qui ont les plus grands préjugés.

Victor Hugo

L'analphabète

Nous sommes tous l'analphabète de quelqu'un.

Un ami m'a traitée d'analphabète[1] parce que je refuse de m'abonner à Internet. J'ai ri sans être vexée, sûre de mon bon droit. Vais-je traiter cet internaute d'analphabète parce que ses seules lectures se limitent aux notices d'appareils utilitaires qu'il achète ? Que nenni. À première vue, la tolérance ne s'apprend pas sur « le net ».

Ceci est l'introduction à l'envie de témoigner, comme d'autres avant et après moi, de ma non appartenance aux troupeaux des moutons de Panurge[2], pour plein de raisons valables ou pas, ça se discute.

1 Analphabète : Qui ne sait ni lire ni écrire.

2 Panurge : Personnage créé par Rabelais. Voulant se venger d'un marchand de moutons, il jeta une de ces bêtes par-dessus bord. Tout le troupeau suivit et le marchand également.

Observons autour de nous. C'est incroyable comme nous pouvons être sous influence. Il y a des modes qui font que, suite à un événement dramatique ou à une découverte extraordinaire, la puissante « machine à informer » ne se contente plus d'un quelconque article, elle en fait tout un pataquès. C'est ainsi que, par intermittence, elle nous affole avec, dans le désordre, le poulet, la vache folle, les moutons, la nourriture biologique, les « OGM », l'univers qui s'étiole, les villes asphyxiées, les cours de récréations aux mille dangers, la chasse au gaspi., la poussée vers les achats compulsifs ou encore les campagnes anti-bactéries. Toutes ces informations abrutissent l'individu, l'infantilisent. Comme si nous n'étions plus capables de penser par nous-mêmes. Et puis les modes changent au gré, sans doute, d'une nouvelle lubie d'un publicitaire en mal de reconnaissance. Ce qui était néfaste au départ devient essentiel à notre survie ou le contraire. Haro sur les bacs à sable, sur les jeux dans la terre boueuse qui attirent les microbes sous les ongles de nos petits anges qui ne s'immunisent plus, forcément. C'est moins dangereux de s'abîmer les yeux devant un écran que de risquer de se salir les mains dehors. À chacun ses plaisirs, à chacun ses valeurs. Les médias ont l'art de conditionner Monsieur et Madame Toulemonde afin de les culpabiliser pour mieux les tenir dans le creux de leurs mains cupides. Les parents finiront par se croire indignes, se plieront aux injonctions des modes et n'oseront plus rien refuser à leurs enfants ni les gronder. Car le regard réprobateur des « bien-pensants » leur rappellera leur indignité de parents inconscients des séquelles qui planeront sur la tête de leur chère petite tête blonde. Malgré tout ce ramdam, il y aura toujours des inégalités sociales, des riches, des pauvres, des enfants intelligents et d'autres moins. Vouloir se donner bonne conscience en uniformisant la société est une ineptie qui ne fait que renforcer le dépit, la jalousie et l'envie de ceux que la vie n'a pas gâtés malgré tous les efforts d'une société paternaliste. Dérives de cette communauté fixée sur des écrans de télévision, de GSM, de jeux vidéos et d'Internet. Tout y est dévoilé, permis, sans limites. Il n'y a plus de décence ni de pudeur. Les multinationales et les médias nous obligent, insidieusement, à acquérir, à exécuter et même à renier nos propres valeurs, en vertu d'une évolution soi-disant positive « pour notre bien ». Je ne me sens pas ringarde, je suis plutôt à contre courant et j'assume. Tout simplement, je sais faire la différence entre l'envie, le besoin ou l'envie de me faire un petit plaisir. Pourquoi me forcerais-je à acheter, à partir en voyage ou à vivre selon des codes bien définis. Définis par qui ? Par le regard des autres ? Par la façade à montrer ? Par la puissance de persuasion des pompes à fric que sont les multinationales, ces ogres voraces qui dévalisent un peuple en lui inculquant, tel un lent poison, des croyances qui le jetteront au bord d'un tas d'emmerdements et de dettes ? Cela fait des décennies que, lentement mais sûrement, ils nous ont emmenés vers des besoins que nous n'imaginions même pas, des besoins inutiles dont, à présent, nous ne savons plus nous passer. Je ne vous ferai pas l'injure de vous les citer, vous les connaissez autant que moi. Dans notre vocabulaire est apparu le mot « ringard », « obsolète » étant remis à l'honneur. Des expressions passe-partout telles que « faut vivre avec son temps », « il faut accepter l'évolution » sont assénées à ceux qui se fichent pas mal de la mode à tout prix.

Si, pour certains, l'évolution consiste à passer ses journées ou ses soirées devant un écran, à préférer son ordinateur à une soirée familiale, à ne plus se balader le nez au vent, à devenir accro. aux messages d'inconnu(e)s, alors oui, je revendique ma ringardise.

Je suis entourée d'ami(e)s, de cousins et cousines, d'une famille attentive. C'est vous dire si ces personnes ont envie de m'aider. Échantillonnage :

– Je t'assure, depuis que j'ai Internet, je parle à mes petits-enfants, je les vois par la webcam. Tu devrais t'y mettre, ce n'est pas compliqué. Tu es intelligente quand même !

Merci, ma chérie, ce n'est pas une question d'intelligence. Avec le téléphone, le GSM et mon papier à lettres, ma petite-fille et moi ne sommes pas en manque de contacts entre deux week-ends.

– Regarde. Si tu veux partir à Liège en train, tu cliques là, puis là et encore là et tu as ton renseignement.

C'est gentil, mon grand, mais un coup de téléphone suffit et j'ai mon renseignement en moins de temps que tous tes « clics ».

– Je ne te comprends pas. Toi, une femme soi-disant moderne, comment peux-tu te bloquer ainsi vis-à-vis du « net » ?

Je ne me bloque pas, chère amie, je n'en vois pas l'utilité, nuance. Je refuse de me laisser envahir par des « plop, plop, plop » qui éclatent désagréablement à mes oreilles ainsi que des messages à lire sur un écran et qui s'effaceront dès que la messagerie sera pleine. Il y a des messages que je veux garder indéfiniment pour le plaisir de les relire, cela s'appelle aussi messages d'amour et d'amitié. J'ai un besoin sensitif du papier, du stylo et de l'encre. L'odeur, la vue et le toucher sont mis à contribution dès que je lis ou que j'écris.

– Ce n'est quand même pas compliqué, un « clic » et tu as ton renseignement.

Oui, c'est vrai, cher cousin, mais ce n'est pas compliqué non plus de tendre le bras vers mes encyclopédies et mes dictionnaires, de les feuilleter et de trouver ce que je cherche au milieu de pages mille fois tournées, qui gardent l'odeur et l'empreinte des années.

La différence entre ces deux actions ? Des images qui défilent sur un écran sans âme ni vécu, d'un côté, et une sensibilité dans le bout des doigts qui touchent le papier tandis que le regard accroche les mots encrés, de l'autre côté.

Encore une fois, à chacun ses plaisirs, à chacun ses valeurs.

Personne ne m'obligera jamais à faire ceci ou cela sous le prétexte que « ça se fait » ou que c'est « à la mode » ou encore que « tout le monde le fait » et surtout pas lorsque j'entends « il faut le faire, tu vas finir par y être obligée ».

Je ne serai jamais au milieu d'un troupeau bêlant se dirigeant dans la même direction sous la férule du gardien de troupeau auto proclamé.

Où se trouve notre personnalité dans ce battage médiatique qui nous incite à acheter l'inutile pour se sentir dans la norme ? Acheter une voiture pour la montrer aux voisins ? Très peu pour moi. Vaut-il mieux rouler dans une petite voiture ringarde payée au comptant ou rouler dans une grosse voiture d'une marque archi connue en s'endettant par le paiement de traites mensuelles ? C'est encore une question de valeurs. Cela dépend si l'on veut se sentir bien avec soi-même ou paraître nanti ou encore, pour certains hommes, combler un complexe d'infériorité.

Avons-nous réellement besoin de tous ces appareils électroménagers que l'on invente à tire-larigot et qui font augmenter notre note d'électricité ?

Les publicitaires sont des gens très intelligents, filous et manipulateurs. Je ne détaillerai pas, ici, le nombre d'appareils que je juge inutiles, je vous lasserais.

J'ai été une mère de famille, ménagère et travailleuse « ultra pressée », je sais que l'on peut et que l'on veut se faciliter la vie ainsi que celle de ses enfants. Mais il y a des limites au ridicule de vouloir être dans la norme instaurée par des diktats financiers. Soyons les maîtres de nos envies et de nos besoins. À force de nous créer des besoins inutiles, « ils » nous ont asservis. Ceux qui en ont pris conscience ont la chance, de par leur personnalité, de vivre comme ils le souhaitent, mais combien de familles se sont endettées afin d'offrir du luxe à leurs enfants ou, tout bêtement, pour se sentir bien sous le regard des autres en se créant une façade en rapport avec la soi-disant normalité.

Le temps n'est plus si lointain où les rapports humains seront quasi inexistants physiquement. Il y a, sur Internet, des rencontres amoureuses où chacun peut tricher à sa guise et s'inventer un personnage, se donner un autre âge, écrire des sentiments qui n'existent pas… Rien ne remplacera jamais le langage du corps. L'amour tantrique[1] existe depuis longtemps, on ne se touche pas mais au moins le regard ne triche pas, le corps parle, des ondes passent de l'un à l'autre, on ressent l'odeur de l'autre.

La plus grosse tricherie apparentée à du vol est celle qui consiste à graver les films et les nouvelles chansons sur Internet. Ceux qui le font sont-ils conscients qu'ils privent d'un revenu des travailleurs qui ont œuvré afin de sortir leur film ou leur album. Ils ont un manque à gagner certain. Je préfère penser que ces internautes qui trichent ne sont pas vraiment conscients qu'ils volent et privent des gens d'un revenu mérité, de l'artiste au commerçant en passant par tous les petits vendeurs qui paient leurs impôts à l'état.

Dans la société actuelle, il y a contradiction flagrante entre le fait que chacun se replie sur son quant-à-soi et que les gens deviennent de plus en plus individualistes physiquement mais se livrent sans pudeur à de parfaits inconnus via Internet. Des humains sont retrouvés morts dans leur appartement après de longues semaines. Personne ne s'en était rendu compte. Les voisins ne se connaissent plus, ne se saluent plus et restent indifférents au sort des autres. Des automobilistes pressés appuient sur l'accélérateur, injurient ceux qui les empêchent de foncer, reçoivent des procès-verbaux, bousculent tous ceux qui entravent leur route pour rentrer plus vite chez eux … afin de s'installer, le nez devant l'écran de l'ordinateur.

Décidément, ce n'est pas encore aujourd'hui que je me convertirai à cette nouvelle religion, je ne suis pas prête à me prosterner devant la soi-disant modernité de notre nouveau siècle. Je ne me sens ni désuète ni nostalgique, je prends ce qui m'intéresse au fil de mes années de vie. Je vis selon mes ressentis. J'aime le contact humain, les échanges

1 Tantrique : manière de penser et d'agir dans les domaines de la pensée et de l'art à travers un langage ésotérique et érotique, inspirées du yoga et du bouddhisme. La pensée est plus importante que l'acte.

verbaux et épistolaires, le monde grouillant et coloré des transports en commun.

Internet est froid, sans âme et inodore tandis que les pages de mes cahiers transpirent de merveilleuses odeurs. Je resterai encore un peu, beaucoup, peut-être pas indéfiniment, une analphabète. Je revendique ma liberté de choisir le moment où je ressentirai le besoin ou l'envie de changer d'avis sans subir de pressions, au risque de paraître ignare aux yeux des férus d'Internet. C'est mon credo.

Les aînés, les seniors

> On ne devient pas vieux pour avoir vécu un certain nombre d'années,
> on devient vieux parce qu'on a déserté son idéal.
> Renoncer à son idéal ride l'âme.
>
> Général Mac Arthur

Nous devenons tous, un jour ou l'autre, le vieux de quelqu'un.
Trouver un titre convenable pour cette tranche de vie n'a pas été facile.
Viocs ? Rombières ? Barbons ? Ronchons ?
Ce serait un manque de considération.
Antiquailles ? Décrépits ? Vieilles toupies ?
L'humour n'atténuerait pas les vocables surannés.
Vieillards cacochymes ? Vieilleries ? Ruines ou débris ?
Ce serait carrément offensant et n'honorent pas ceux qui utilisent ces termes.

Humour, agacement et tendresse se mêlent dans ces sobriquets pas toujours élégants. Voilà pourquoi, « aînés » fut le choix judicieux afin de ne pas offenser ceux que l'on nomme affectueusement « les vieux » ou « les seniors » appellation plus distinguée et respectueuse.

– Mon vieux m'énerve, tu ne peux pas savoir !

– Oh moi, le patriarche me donne mon fric pour la semaine, je la ferme et basta, jusqu'à la prochaine fois.

– Chez moi, mon père dit de mon grand-père que c'est un vieux briscard et l'autre, il en est tout fier ! Tu comprends cela, toi ?

Conflit de générations ? Pas vraiment entre les adolescents et les grands-parents mais plutôt avec les parents.

Si les ados et les grands-parents se chamaillent peu, c'est sans doute parce qu'ils ont quelques points communs. Leur égocentrisme, bien sûr, cette façon de tout ramener à eux pour des raisons différentes selon l'âge. Ils ont aussi, en commun, la certitude de tout savoir sur tout, de n'avoir besoin d'aucun conseil sous prétexte qu'ils savent mieux que les autres. « Je sais qu'on ne sait jamais », disait Jean Gabin. Sages paroles. Les seniors savent tout, parce qu'à leur âge, ils pensent avoir la science infuse et les ados sont sûrs d'eux, parce qu'à leur âge, ils se croient les maîtres du monde. Les ados et les vieux ont également en commun cette capacité à croire que tout leur est dû, avec un sans-gêne frisant l'impolitesse surtout pour la génération qui a soi-disant donné le bon exemple avant les autres, avant la révolution de 68. Et entre les deux, il y a les parents qui doivent supporter les caprices des uns et les revendications des autres. Macha Meril écrit dans son livre, « les cinquantièmes rugissants », que les plus résistantes sont les femmes de 50 ans car elles doivent, bien souvent, s'occuper de leurs parents et de leurs enfants en même temps, sans oublier les petits-enfants alors qu'elles travaillent encore.

– Moi, j'adore la compagnie des p'tits vieux, dit cette gamine de quinze ans. Ils me comprennent, ils m'écoutent, ils ne m'envoient pas « bouler » comme mes parents.

Et ainsi, de génération passée en nouvelle vague, ils s'adorent et se détestent, ils s'accablent de railleries, se titillent et se piquent sans cesse. Dieu sait pourtant qu'ils peuvent être chiants les uns comme les autres. Les ados sont agaçants, horripilants, énervants mais si attachants dans leurs gaffes et leurs bévues. Une flagrante contradiction apparaît dans leurs rapports tendres et attentifs vis-à-vis des pépés et mémés et leurs provocations excessives, selon leur humeur du moment.

À votre avis, qui se disputent les places assises dans les bus ? Rarement les trentenaires ni les quadragénaires, pas même les cinquantenaires, mais les ados et les seniors. Ils essaient, chacun dans leur genre, de revendiquer leur droit à occuper le terrain des transports en commun.

Morceaux choisis.

– Et vous croyez qu'il y en a un qui va se lever pour donner sa place, m'fille ? lance une voix de stentor sortant, bizarrement, d'un corps fluet et ridé.

– On ne leur apprend plus la politesse et le respect. De mon temps… (refrain connu et repris en chœur par la moitié du bus).

Regards éloquents de part et d'autre des deux camps.

– J'ai payé ma place, j'ai le droit de m'asseoir, lance une voix de gamine mal dégrossie, mâchouillant son chewing-gum comme une vache qui rumine.

– À votre âge, je marchais, moi ! Tous des mauviettes, une bonne guerre, v'la ce qu'il leur faudrait. Ils ne savent pas ce que c'est que travailler !

– J'ai fait la guerre, moi, et voilà tout le respect qu'ils ont !

Ah, cette phrase lancée comme un reproche. Ressassée maintes et maintes fois. Classique. Combien de temps vont-ils encore se servir de ce laissez-passer périmé ? Quoique… Le jour où nous n'entendrons plus ce couplet archi connu, c'est qu'ils seront tous partis et cela fera un vide énorme. Ils nous manqueront.

– Vous croyez qu'ils vont reculer leurs gros cartables ? Si je me casse le col du fémur, ce sera de votre faute !

La douairière qui vient de parler, coince son gros popotin dans le siège trop étroit, elle dépose son caddie ainsi que ses sacs remplis au marché de Morlanwelz dans l'allée centrale. Un jeune garçon à la frimousse coquine lance un clin d'œil aux copains et se laisse tomber dans les sacs de la dame. Éclats de rire des jeunes, murmures offusqués des aînés.

– Qui a laissé traîner son cartable dans l'allée ? couine-t-il en imitant la dame en colère. Il emmène les rieurs avec lui à l'arrêt suivant.

Les personnes plus âgées exigent le respect mais elles ne montrent pas toujours le bon exemple. Cette dame exigeait des jeunes ce qu'elle ne faisait pas elle-même. Comme quoi, on voit la paille dans l'œil de son voisin mais pas la poutre qui se trouve dans le sien surtout quand il s'agit des plus jeunes.

Pendant qu'une génération rabâche, l'autre se vautre sur les sièges avec délectation en lançant des sourires ambigus. Ils s'en moquent des remarques, ils ne les entendent pas, leur MP3 ou MP4 vissé aux oreilles leur permet de voyager sans être importunés et tant pis si leur musique dérange. Les autres passagers profitent, bien malgré eux, de « Tokio Hôtel » à fond la caisse. La techtonic de Jey-Jey à droite, les aigus de James Blunt plus loin, les revendications d'Amel Bent créent un fond sonore discordant. Inutile d'essayer de faire baisser le volume, vous risquez d'avoir l'effet contraire en plus de déclencher les geignements des vieux et les sarcasmes des jeunes.

– Poussez pas, mais poussez pas, chevrote, à un arrêt, une petite femme âgée qui bouscule ceux qui sont avant elle. Vous allez me faire tomber.

Lâchement, elle profite de son âge pour passer devant les autres passagers. Il y a aussi celles qui ahanent en se tenant la hanche et en regardant si les passagers ont bien vu qu'elle « a du mal », sous-entendu, préparez-vous à me laisser une place, c'est mon droit et votre devoir.

– Fallait monter avant nous, rigole une gamine délurée, haute comme trois pommes, maquillée comme un trois tonnes et vêtue de deux bouts de tissu.

C'est leur façon de se démarquer. Chaque génération a eu ses révoltes, qu'elles aient été musicales, vestimentaires ou langagières. Et toutes ont cru révolutionner le monde et les générations précédentes.

Et la circulation, parlons-en des seniors au volant.

Haro sur les jeunes qui les dépassent, qui conduisent mal et trop vite, qui ne respectent pas le code de la route et qui font n'importe quoi.

Oui, mais ces jeunes ont passé leur permis théorique et pratique, eux. Chèrement payé d'ailleurs. Tandis que la majorité des seniors a appris sur le tas en achetant les permis, très bon marché, à l'administration communale de leur ville.

Il y a peut-être beaucoup de jeunes qui se tuent par imprudence sur les routes, mais il y a des conducteurs âgés qui sont de vrais dangers publics et qui provoquent, sans même s'en rendre compte, des incidents si pas des accidents sur leur route. Route qu'ils empruntent avec la conviction profonde qu'elle leur appartient. Ils n'ont pas vécu la guerre, travaillé à la sueur de leur front et trimé pour en arriver à se laisser dicter la loi par des jeunes « gugusses », non mais !

Tout est permis aux personnes dites âgées, par compassion, par respect pour leur âge, pour d'autres raisons également et ils le savent. Ils en profitent comme des gosses capricieux à qui tout est dû. Ah oui, les vieux roulent bien à droite comme c'est dit dans le code de la route, ils s'arrêtent aux feux rouges, ils respectent les limitations de vitesse. Trop. Rouler à du 80 à l'heure sur la bande de gauche de l'autoroute est aussi meurtrier que de rouler à du 200 à l'heure sur une route de campagne. Les vieux peuvent tout se permettre. Ils râlent sur tout ce qui roule. Aucun conducteur n'arrive à leur cheville, ou plutôt, à leur volant. Ils critiquent sans voir leurs propres erreurs, trop occupés à regarder les erreurs des autres. Cela renforce leur conviction qu'ils détiennent « la vérité ».

Un exemple ? Vu « de mes yeux vu », dans mon village.

Un conducteur âgé dégageait sa voiture du stationnement en « arêtes de poisson » et, lentement mais sûrement, il continua droit devant dans le sens interdit, sans tourner la tête ni à gauche ni à droite. Petit, son regard arrivait juste à la hauteur de son volant, ses yeux fixaient une ligne devant lui sans se préoccuper du reste de l'humanité. « Retirez-vous de là, je passe », telle devait être sa devise. Je l'observais dans ses manœuvres et fut frappée par sa manière de diriger sa voiture afin de ne pas devoir faire une marche arrière. Je compris. Soit, il ne savait pas faire une marche arrière, soit il avait un problème de nuque et ne savait pas tourner la tête. Arrivé au rond-point plat, il le traversa en diagonale. Une voiture conduite par une jeune femme, qui n'a dû son salut qu'à ses bons réflexes de freinage, cala à quelques centimètres de la voiture du petit bonhomme. Quelle réaction a-t-il eue à votre avis ? Aucune, il n'a rien vu. Il a continué sa route sans lever un sourcil. Il aurait pu écraser un sanglier, le sanglier aurait été en tort. La jeune femme aurait commis ce genre de délits au pluriel, certains auraient souri ironiquement, vous savez ce qu'on dit, « femme au volant, etc... ». Un jeune homme aurait effectué les mêmes manœuvres dangereuses, on aurait crié « à l'assassin » et quelqu'un aurait noté sa plaque minéralogique afin de le dénoncer. Mais un vieux, on pardonne, il peut tuer sur la route, c'est pas grave, c'est de son âge. Les vieux roulent en égoïstes comme s'ils étaient seuls au monde. C'est un peu comme si, même dans la circulation, on devait « aussi » leur marquer du respect pour leur passé de guerre. Comme dans les bus, quoi ! À part que sur les routes, il y a des vies en danger. Mais allez leur faire comprendre cela.

Ce n'est guère visible et, pourtant, ces ados portent aux vieux de la tendresse. Cachée mais réelle, et réciproquement, malgré la haine qu'ils se vouent en société. Le tort d'une certaine génération est de s'adonner aux lieux communs :

tous les jeunes sont des futurs bandits, ceux qui crient dans les rues sont forcément des voyous et des fainéants. C'est bizarre, quand même, de se souvenir d'avoir fait la guerre ou d'avoir dû marcher sans manger ou, encore, d'avoir dû travailler à dix ans, mais de ne pas se souvenir des moments de chahuts, des courses dans les rues, des blagues aux maisons comme tirer les sonnettes ou mettre des détritus dans les boîtes aux lettres. Certains seniors ont la mémoire sélective et cela leur convient très bien. Les jeunes générations ont des devoirs envers leurs aînés mais aussi des droits. La dictature du genre « Tu donneras ton avis quand tu auras rasé ton duvet » n'a plus cours. Les anciens ont des droits, pas tous les droits, et ils ont des devoirs aussi envers les jeunes.

Terminons sur ce sujet en rappelant aux jeunes qu'ils ont, à l'instar de leurs aînés, leurs petites manies, leurs tics et leurs tocs, alors ne nous moquons pas trop de ceux qui nous précèdent, nous deviendrons, peut-être, et même sûrement, un jour comme eux.

..*

Vous êtes-vous déjà rendus dans un magasin Cora le vendredi matin ?

Je ne croyais pas ce qu'on m'avait raconté, je voulais avoir une confirmation « de visu ». Je n'ai pas été déçue. À 8 heures 50, qui se trouvent au coude à coude, à rugir et piétiner dans les starting-blocks ? Mais les retraités, bien sûr. Ils n'ont pas le temps, en semaine, comme les mères de famille stressées et fatiguées, d'aller musarder dans les rayons, voyons. On se demande, parfois, si les grandes surfaces offrent des cadeaux à ceux qui passent aux caisses les premiers, vu la vitesse à laquelle ils plongent dans les rayons pour en sortir et filer vers les caisses. Ce ne sont sûrement pas les mêmes qui n'arrivent pas à monter dans le bus à cause de leur arthrose. Ne riez pas, j'exagère à peine. J'aimerais quand même éclaircir ce mystère : pourquoi, en ayant tout leur temps libre, plus d'enfants à élever, font-ils ces courses contre la montre ? Si quelqu'un se reconnaît dans ce portrait, merci de m'éclairer.

Où je ne rigole plus, c'est lorsque l'un ou l'autre de ces filous aux cheveux blancs remonte prestement (plus vite que pour monter dans le bus) la file afin de passer devant tout le monde, sans même s'excuser. Parfois, une petite vieille se la joue « victime des maux de son âge », elle dit ne plus tenir sur ses jambes afin d'apitoyer la file énervée. Là, je dis non et non. Trop facile. Ce n'est pas l'âge ni la sénilité qui leur donnent ce sans-gêne, c'est l'égoïsme du style « moi d'abord ». Et si un jeune s'avisait d'oser la même démarche, il passerait pour un malappris, un « sans éducation », un effronté et j'en passe. Vous voyez les mains se resserrer autour des sacoches et des portefeuilles dès qu'un jeune passe, frôle ou s'installe dans une file. Les seniors n'ont pas le monopole de l'honnêteté. C'est affolant de penser que tous les voleurs sont jeunes et que pas un seul « vieux » n'aurait l'idée de prendre de l'argent à quelqu'un. Et pourtant… Aucune génération n'est à l'abri d'avoir des brebis galeuses dans ses rangs, qu'on se le dise.

Dans les files des grandes surfaces, on assiste au phénomène de ralentissement à cause de certains seniors qui en profitent pour liquider leur petite monnaie car ils n'ont pas confiance dans les cartes bancaires, à cause de ceux qui rangent consciencieusement leurs courses dans leurs sacs avant d'aller chercher, aux tréfonds de leur cabas, l'argent bien caché. Ou encore, ceux qui recomptent et exigent des explications et, enfin, le retraité en quête d'une oreille complaisante qui entretient la caissière sur ses petits bobos. C'est leur droit, direz-vous, d'accord mais qu'ils ne s'énervent pas, alors, quand c'est à leur tour d'attendre dans une file.

* * *

– Je ne suis pas vieux, je prends de l'âge, dit Charles Aznavour. L'âge apporte l'expérience, une certaine sagesse et c'est le moment où les seniors peuvent transmettre les connaissances acquises tout au long de leur vie. Plutôt que de se braquer, juger, critiquer et ne trouver que du négatif chez les autres, ce serait bien qu'ils acceptent de passer la main en toute sérénité tout en confiant, aux générations suivantes, l'héritage de leur savoir.

Dans la société actuelle, tout est fait pour prolonger la vie des aînés et, à contrario, ils finissent par déranger, par peser sur les libertés individuelles. Alors, on les « parque » dans des maisons de retraite où ils finissent par être oubliés. Pas tous heureusement.

On retrouve, dans ces « homes », le panel de notre société. Cela va de la mémé très discrète, minuscule et qui a peur de déranger, à la capricieuse qui exige que la terre tourne autour d'elle et qui picore dans son assiette une nourriture qu'elle qualifie d'infecte. Comme dans les hôpitaux, ce sont souvent ceux qui ne mangent pas bien chez eux qui râlent le plus. Les maisons de retraite regorgent de seniors avides de remplir, encore un peu, leurs journées dépourvues d'intérêt. Des vies prolongées grâce aux médicaments et autres inventions sans leur demander leur avis afin de donner bonne conscience à la société et pourtant…

* * *

Chaque génération a ses portraits typés mais les plus représentatifs sont, quand même, de par leur personnalité, les aînés. Les ados, eux, ont besoin de s'identifier à un acteur ou une chanteuse, de s'habiller tous pareils, d'écouter les mêmes musiques et de rêver en regardant les mêmes séries télé.

Les seniors ont eu le temps de se forger leur caractère pour devenir des personnages à part entière sans avoir besoin de copier des modèles.

Il y en a qui n'acceptent pas de vieillir, cette idée les angoisse. Ils préfèrent croire qu'ils sont encore jeunes. Ainsi, cette grande bringue de septante-cinq ans qui crie, à qui veut l'entendre, qu'elle est encore et restera à jamais une adolescente. Pitoyable. Sait-elle que l'adolescence n'est pas un âge mais un passage, une période d'attente ? Qu'attend-elle ? Qui essaie-t-elle de convaincre ? Elle, sûrement. Car, de dos, elle peut encore donner l'illusion mais de face, elle exhibe un corps non plus mince mais décharné, le ravalement de façade s'impose dans un cas aussi désespéré. Il y a, dans une telle démarche, un refus d'accepter le temps qui passe. Il est vrai que notre esprit est rarement en adéquation avec notre corps. Pour quelques-uns, l'esprit décroche tandis que le corps résiste et, pour beaucoup d'autres, l'esprit reste alerte tandis que le corps faiblit. C'est trop injuste, dirait Caliméro.

Comme ce « vieux beau » de quatre-vingts ans qui se promène bien droit, le sourire charmeur, le chapeau penché à la « Maurice Chevalier » et la canne qui ne lui sert que d'accessoire. Il ne doute pas de sa séduction, il est persuadé du regard admiratif si pas concupiscent des femmes qu'il croise. Mais bon, rien ne l'empêche de rêver, cela ne peut lui faire de mal, le ridicule ne tue pas.

Dans la galerie des portraits, épinglons la curieuse qui s'en défend. Elle observe, derrière ses rideaux, le va-et-vient des voisins. Les bras croisés sur son opulente poitrine. Un masque de désapprobation sur le visage, elle analyse tout, dissèque les moindres faits et gestes, suppute, fustige, stigmatise et s'étonne, ensuite, de la distance que les voisins prennent avec elle.

– Je ne m'occupe jamais des affaires des autres. Je suis une tombe, tout ce qui se raconte ici ne sort pas, comme à la confession. Avec de belles phrases sécurisantes, elle apaise les inquiétudes et arrive à essorer, littéralement, son vis-à-vis. Lorsqu'il sort de chez elle, il lui a tout confié surtout ce qu'il ne voulait pas.

La voisine si attentive oublie, parfois, ses bonnes résolutions et vend la mèche des indiscrétions, comme le jour où elle a cru se faire une alliée de la voisine en la prenant à témoin d'un déménagement.

– Qu'est-ce qu'elle va faire d'un piano ?

La voisine a répondu dans un sourire éblouissant.

– En jouer, je suppose. Pas vous ? Je fais confiance à votre bon sens, je n'ai pas vu le déménagement, j'étais trop occupée par mon travail.

Madame X se serait mordu la langue, quelle erreur impardonnable, elle avait trop vite dévoilé ses batteries. C'est aussi le genre de personnage qui sait tout sur tout et ce qu'elle ne sait pas, elle l'invente. Il y va de son amour-propre, elle doit tout savoir avant les autres et n'admettra jamais une lacune dans ses cancans, ne fût-ce qu'un décès passé inaperçu car oublié par le journal.

– Aux chevilles, ma bonne, elle a des bracelets aux chevilles, je vous dis. Et ses cheveux, vous avez vu ses cheveux ? À son âââche ! Cela ne se fait pas.

« Cela ne se fait pas », phrase leitmotiv et passe-partout pour dénigrer, étiqueter, trancher. Mais qui décide de ce qui se fait ou pas ? En vertu de quels critères ? Chacun vit sa vie comme il veut.

– Quel âge a-t-elle ? questionne une jeune voisine sans méfiance.

– Je n'en sais rien, répond la voix vinaigrée, mais quand on la regarde, on est gênée pour elle. On n'aurait pas voulu avoir une fille comme elle.

– « On », pronom indéfini, murmure en souriant une autre jeune voisine.

– Vous pouvez rire mais on ne me la fait pas, à moi, j'ai du flair. Je reconnais tout de suite à qui « j'ai affaire ».

La voix pincée autant que les lèvres, Madame X referme sa porte, pas contente des réactions. Elle s'attendait à un peu de compréhension. Ah, ces jeunes !

Elle ne peut admettre que des femmes s'habillent en dépit de son bon sens personnel, se teignent les cheveux et vivent une vie pas normale à ses yeux.

À l'opposé de ce modèle d'intolérance, il y avait cette charmante petite dame au visage souriant naturellement. Discrète, elle participait aux conversations sans juger ni critiquer. Son ouverture sur le monde qui l'entourait lui permettait de garder une certaine jeunesse d'esprit dont elle ne se revendiquait pas. Au contraire de celles qui réclament une jeunesse éternelle, cette charmante dame assumait pleinement ses quatre-vingt-cinq ans.

– Mon visage est ma carte de visite, disait-elle gaiement. Vous pouvez y lire mes grands bonheurs, mes petites joies et mes deuils cruels. Ils s'inscrivent, au jour le jour, sur les chemins ridés qui sillonnent les coins de mes yeux et de ma bouche. Chaque éclat de rire a marqué de ridules, le coin de mes paupières. J'ai beaucoup ri. « Vieillir, c'est une occupation de tous les instants », disait Paul Léautaud et j'aurais voulu que mon défunt mari en profite autant que moi.

Cette bonne personne, au visage rose et à la magnifique chevelure aux boucles blanches, rayonnait de bonté. Jamais, elle ne critiquait, elle trouvait du bon en tout et en toute personne. Il n'y avait aucune méchanceté en elle et cela se sentait dès le premier contact.

Dans la maison de retraite où sa famille l'avait déposée tel un cadeau, les membres du personnel se disputaient le bonheur de s'occuper d'elle. Sa voix douce et sereine apaisait les plus récalcitrantes. Sa chambre baignait dans une atmosphère harmonieuse. Les infirmières l'avaient surnommée, « la chambre douce ». Un canari et la musique classique animaient délicatement la pièce fleurie.

Un jour, le médecin fit appeler la famille. L'aïeule voulait les voir une dernière fois afin de leur dire « au revoir ».

Elle les attendait, sereine et souriante, comme d'habitude. Juste un peu plus flétrie comme les pétales de la rose épuisée, desséchée mais toujours aussi belle.

Un sous-verre, accroché au-dessus de son lit, représentait deux crocus mauves pointant leurs pétales enroulés au-dessus d'une fine couche de neige, « J'avance dans l'hiver à force de printemps » Prince de Ligne. La citation décorait le bas de la carte postale encadrée, la discrète dame en avait fait sa référence préférée.

– Donnez-moi la photo de votre papa, chuchota la petite mère, minuscule au milieu du lit aux draps bien tirés.

La photo en noir et blanc représentait un magnifique jeune homme en habit militaire, la moustache conquérante, le regard doux et fier à la fois.

Elle tendit une main tremblante, toucha le cadre de ses fins doigts quasi transparents.

– Il faudra retirer la photo de son cadre et la mettre entre mes mains, je préfère être enterrée avec un beau jeune homme, c'est plus agréable. La vieillesse n'a pas d'âge, c'est un état d'esprit.

Ses dernières paroles furent accueillies par des sourires attendris, elle avait réussi la fin de sa vie comme elle avait vécu, dans la douceur et le sourire. Elle partit, à nonante ans, accompagnée d'un beau jeune homme de trente ans mort pour la patrie.

Manipulation et harcèlement

> La peur est illusoire… Elle ne peut pas vivre.
> La valeur est éternelle… Elle ne peut pas mourir.
>
> Sri Swani Sivananda

Le gant de toilette, mouillé d'eau glacée, la toucha au visage par surprise.

– Mais, mais tu es fou ? Qu'est-ce qui te prend ?

Elle peinait à reprendre sa respiration tant la violence du geste l'avait décontenancée.

– C'était pour rire un peu. Je n'ai pas voulu te faire mal, mon amour. Je n'aime pas te voir avec du maquillage. Tu es si belle au naturel. Laisse les peintures à ces idiotes qui aguichent les hommes, tu vaux mieux que cela. Pourquoi te cacher derrière un masque de couleurs ? Tu es, pour moi, la plus belle femme du monde. Je t'aime comme un fou, je ne veux pas que l'on se moque de toi.

– Qui s'est moqué de moi ? Pourquoi ?

– J'ai entendu, sur ton physique, des réflexions qui n'étaient vraiment pas en ta faveur.

– Ah bon ?

– Tu serais étonnée des propos de certaines personnes malveillantes à qui tu as donné ton amitié. Ta confiance est bien mal récompensée.

* * *

C'est ainsi que tout avait commencé. Insidieusement, par petites touches. Sans qu'elle y attache de l'importance, le ver était dans le fruit.

Lorsqu'ils s'étaient rencontrés, elle avait trente ans. Vive et enjouée, elle plaisait aux hommes tant par son charme naturel que par sa spontanéité. Sans enfant, elle venait de divorcer et recherchait du travail. Elle fut engagée au sein d'une succursale de banque dans une toute petite ville. Très rapidement, le directeur gérant lui fit des avances, discrètes mais claires. Elle ne les prit pas au sérieux. Elle les connaissait ces séducteurs, flattés si vous résistiez, ravis si vous leur cédiez. Sans plus. Soit il me teste, soit il veut m'accrocher à son tableau de chasse, pensait-elle en souriant. Elle devint bientôt amie avec les deux autres employées, elles formèrent une équipe soudée autour du « patron » tout en se moquant gentiment de lui. Elles en parlaient avec un brin de respect, parfois avec un peu d'agacement et toujours avec un zeste de tendresse. Il savait se faire aimer. Il les avait toutes draguées à leur arrivée comme une sorte d'intronisation, elles en riaient entre filles lors des pauses ou des rencontres à l'extérieur. Elles ne se jalousaient pas. Marie était mariée, Annie en couple et Adeline, fraîchement divorcée, jurait qu'on ne l'y reprendrait plus.

Fabrice, le directeur à la quarantaine bien mûre était le type d'homme que les femmes avaient envie de dorloter. Il savait, sans parler, les attendrir. La silhouette fine et élégante, le regard doux et tendre, le sourire éblouissant, il ne manquait pas de charme. Au sein de sa banque, entouré comme un coq en pâte, il dirigeait son entreprise avec intelligence, doigté et fermeté.

Au fil des mois, Adeline apprit qu'il était malheureux en ménage et sur le point de divorcer, c'était son deuxième mariage et il maugréait qu'il n'avait pas de chance avec les femmes. Un si bel homme, si doux, si charmant, si généreux. C'était toujours ceux-là qui tombaient sur des teignes, pensait Adeline, gagnée petit à petit par une sorte d'envie de le protéger, comme on veille tendrement sur un enfant en manque d'amour.

Curieusement, après ses premières avances, le directeur n'avait pas insisté auprès de sa nouvelle recrue. Et plus curieusement encore, Adeline en fut mortifiée. Qu'elle repousse ses avances, c'était normal. Mais qu'il se lasse si vite, c'était vexant. Son ego en prit un coup. Que se passait-il ? Ne serait-elle plus désirable ? À trente ans, ce serait malheureux !

C'est elle, finalement qui reprit le petit jeu du « je te regarde, tu ne me regardes pas ». Elle multipliait les occasions d'une rencontre imprévue. Elle traînait pour ranger son bureau afin de sortir en même temps que lui. Les copines avaient deviné, elles souriaient et la laissaient faire ses expériences en pensant, « ça lui passera ».

Ce qui devait arriver, arriva. Ils se retrouvèrent au restaurant plusieurs fois puis chez elle. Un soir, il lui annonça qu'il voulait passer toute une nuit dans ses bras.

D'un petit jeu de séduction à une aventure torride, ils finirent par s'avouer leur amour. Le divorce de Fabrice fut précipité par sa femme. Adeline trouva cela rapide mais son amour tout neuf lui cachait les réalités de la vie qu'elle voyait en un camaïeu de rose et bleu. Ils se marièrent très vite, ses collègues furent les témoins de l'un et de l'autre. Elle rêvait d'un grand mariage, il voulut le strict minimum, l'excuse étant qu'il y aurait trop de monde à inviter pour ne pas faire de jaloux. La famille, c'était bien suffisant.

– L'important, c'est toi pour moi et moi pour toi, lui avait-il chuchoté en lui mordillant le lobe de l'oreille.

La lune de miel fut courte, Adeline découvrit la possessivité de son mari dès le voyage de noces. Il ne supportait pas qu'elle s'occupe à une activité sans lui. Il trouvait que les hommes la lorgnaient trop et qu'elle faisait tout pour attirer les regards masculins.

Au début, elle trouvait cela flatteur. Un mari qui est amoureux à ce point-là, c'est valorisant pour une femme. Puis, elle se rebiffa et subit les premiers reproches, une première manifestation de ses colères subites et non maîtrisées.

À l'agence, elle ne tarissait pas d'éloges sur sa nouvelle vie. Ses amies et collègues continuaient à la fréquenter en dehors des heures de travail mais, petit à petit, les demandes de Fabrice se firent plus précises concernant ses loisirs.

– Tu comprends que c'est difficile pour moi d'exercer mon autorité sur Marie et Annie. On ne mélange pas la vie privée et le travail. Je préfère que tu ne les invites plus à la maison. Le mieux serait de prendre tes distances avec elles.

Quelques mois plus tard, il se plaignait d'être envahi par la famille de sa femme.

Les rencontres avec les rares amis et la famille étaient soumises à un horaire régulier, les mardis soirs pour les uns, un samedi sur deux pour d'autres et un dimanche sur deux au restaurant avec les parents. Adeline qui avait horreur de la routine essayait, parfois, de déranger l'ordre établi par son mari. Cela créait des tensions. Elle souffrait de cette monotonie, elle aimait les surprises et les imprévus. Un jour, elle refusa la visite habituelle du mardi soir chez la marraine. Elle le paya par une soirée en solitaire à attendre le retour du mari jusqu'à l'aube. Elle ne reçut aucune explication et, par fierté, n'en demanda pas. La punition l'avait blessée, ce fut la première lézarde dans une union qui allait se désagréger au fil des ans.

Après le maquillage, il s'attaqua aux vêtements. Il est vrai que le jour du mariage, déjà, il avait fait une remarque sur la trop courte jupe et le décolleté pas très adéquat pour un mariage. Adeline avait souri tendrement, prenant cela pour un compliment d'homme jaloux. « On n'est jaloux que de ce qu'on aime », répétait-il à qui voulait l'entendre. Ce jour-là uniquement. Car, par la suite, la jeune femme allait découvrir que c'était elle qui passait pour être possessive et jalouse. Pourquoi l'opinion des autres s'était-elle modifiée vis-à-vis d'elle ? Avait-elle changé à ce point ? Finis les petits « hauts » légers et les shorts en toile, terminés les jeans moulants et les robes décolletées. Elle dut échanger une robe magnifique, à cause d'un décolleté en « v » dans le dos. Les autres ne voyaient qu'une belle façade et ne se doutaient pas de ce qui se passait derrière le masque de gentillesse de son mari. Adeline en faisait l'expérience au cœur même de sa famille. Elle souffrait lorsque ses parents lui demandaient d'arrêter ses caprices, de cesser de tirer la tête pour des bêtises.

– Quels caprices ? demandait-elle, étonnée. Je ne demande rien, j'accepte tout ce qu'il veut. J'ai changé toutes mes habitudes pour lui.

– Allons, allons, ma chérie, ton père et moi sommes mariés depuis presque quarante ans, nous comprenons. Dans un couple, il faut savoir faire des concessions. Tu es mariée, c'est normal que tes habitudes changent.

À part elle, Adeline se posait des questions. Comment ses parents voyaient-ils son couple ? De quelles concessions parlaient-ils ? Comment pouvaient-ils juger ?

La jeune femme ne savait pas encore que son mari manipulait autant sa famille qu'elle-même afin de la maintenir dans une certaine dépendance. Diviser pour régner, telle était sa devise cachée.

Après deux ans de mariage, elle ne recevait pratiquement plus personne car son mari se disait fatigué. Les week-ends se passaient dans les restaurants, toujours les mêmes, en compagnie de l'entourage familial de son mari. Plus de sports, plus de sorties entre filles, plus rien ne réjouissait la vie d'Adeline qui grossissait à vue d'œil. Dès qu'elle parlait régime, il lui proposait des vacances ou un week-end gastronomique. Elle prit, très vite, vingt kilos et se débarrassa de ses oripeaux de jeune fille. Ensuite, il jeta à la poubelle tous ses produits de maquillage. Il l'emmena, en grand seigneur, faire les boutiques de mode, elle fut rhabillée en un tour de main dans des tons fades de bruns et de gris.

Cette longue quête vers une métamorphose imposée s'acheva avec la coupe de cheveux, il exigea une coupe très courte. Une femme de son âge et épouse d'un directeur de banque se devait d'être bien coiffée, ce qui signifiait, pour lui, une coupe pas féminine du tout. Son coiffeur, et ami, essaya de la raisonner mais, comme d'autres personnes de son entourage, il pensait que l'idée venait d'elle. Elle s'arrangeait, par fierté, à laisser croire que ce genre de vie lui convenait.

Jusqu'au jour où elle tomba malade…

Elle n'en pouvait plus de cet isolement, de cet acharnement à faire d'elle une femme qui ne lui ressemblait pas, de ce silence qu'elle s'imposait et du vide créé autour de sa personne. Un jour elle craqua. Elle péta un câble qui s'effilochait depuis trois ans. Étendue dans son lit, dans l'attente d'un départ voulu, elle se remémora, soudain, les paroles de Corentin, un cousin attentif, « se taire, c'est mourir en silence. En silence, c'est faire plaisir aux autres ». Ce fut le déclic, elle hurla, se jeta sur le téléphone et appela les secours.

* * *

Adeline se réveilla dans une chambre blanche, les tentures laissaient passer une légère clarté, elle devinait une présence. Pas envie de parler, de s'expliquer. Plus envie de « le » voir ni de l'entendre. Envie de vivre, vivre vraiment, sans contrainte, sans tutelle. La jeune femme sentit un mouvement dans le fauteuil placé à sa droite, elle se raidit intérieurement.

– Comment vas-tu, ma chérie ? murmura une voix douce et inquiète.

Oh non, pas lui ! Elle ferma les yeux, incapable de lui répondre.

– Mon Dieu, faites que quelqu'un vienne, faites qu'il s'en aille, je n'en peux plus de le sentir là, j'ai l'impression qu'il me guette.

Elle tendit le bras vers la sonnette afin d'appeler une infirmière.

– Tu as besoin de quelque chose ? La voix haïe était doucereuse, sirupeuse. Dis-moi ce que tu veux, je ferais n'importe quoi pour toi, tu le sais n'est-ce pas ?

La porte s'ouvrit sur une infirmière joviale.

– Enfin, petite Madame, nous sommes heureux de découvrir vos jolis yeux. Oui, laissez-vous aller, pleurez sans retenue, cela vous fera du bien.

Si elle savait à quel point j'ai envie de tout dire, pensait Adeline en pleurant. Mais qui me croira ? Un homme si gentil, si serviable. Ma famille ne voit que par lui, ils vont encore me traiter comme une femme hystérique alors que j'ai tout accepté pour son propre bonheur. Je n'entretiens plus mon corps. Je ne maquille plus que mes états d'âme. Avant mon mariage, mon entourage familial me voyait comme une originale un peu farfelue dans ma manière de vivre, à présent...

– Elle a toujours eu le chic pour se faire remarquer et pour se lancer dans des aventures qui n'arrivent à personne d'autre ! Elle a l'art de se fourrer dans des situations anormales et puis, elle appelle au secours pour venir l'en dépatouiller.

À présent, ils vont être confortés dans leur opinion. Elle les entend : comment peux-tu te plaindre ? Un mari comme le tien, toutes les femmes en voudraient. Il n'y a pas plus gentil, poli, correct, serviable, de bonne composition…

Une tante lui avait même reproché de laisser, à son mari, le plus gros des tâches ménagères. Cette tante ne voyait pas qu'il se rendait utile afin de mieux s'assurer le pouvoir sur sa femme et les bonnes grâces des deux familles. C'est de lui que l'on avait pitié de vivre avec une telle femme.

– Il n'a pas de chance avec les femmes, le pauvre, un si bel homme et si gentil.

Adeline se sentait persécutée mais comment l'expliquer ? Si elle demandait le divorce, elle passerait pour la méchante. Et pourtant, les gens ont bien dû se rendre compte qu'il se moquait d'elle en public, qu'il faisait tout pour l'enlaidir, qu'il mettait les autres en valeur sauf elle. Il n'y avait qu'à son travail qu'elle était bien considérée, son mari et patron appréciait ses qualités de secrétaire. Normal, pensait-elle, je ne suis en contact avec personne, je reste dans mon bureau toute la journée et je suis à sa disposition au bureau comme à la maison.

Elle sentit une main se poser délicatement sur son front et entendit des chuchotements dans la chambre. Adeline se rendit compte qu'elle s'était endormie en réfléchissant à son avenir.

– Ma petite fille, comment vas-tu ? lui chuchotait son papa dans le creux de l'oreille.

Ce fut la tendresse paternelle qui fit craquer sa carapace. Cela commença par un gémissement continu, sa tête se tournait de gauche à droite sur l'oreiller, de plus en plus vite. Telle une petite fille effrayée, son regard allait de l'un à l'autre. Elle cherchait de l'aide, ils se méprirent sur son chagrin.

– Fabrice va arriver, il a profité de notre présence pour aller se rafraîchir, lui chuchota sa mère.

« Il » est parti ? Je peux parler ? Ses yeux écarquillés effrayèrent ses parents, ils n'étaient pas loin de croire que leur fille était devenue folle.

– Ma chérie, qu'y a-t-il ? Parle, dis-nous ce qui ne va pas pour toi.

Le gémissement se transforma en un cri déchirant. Le barrage lâcha les eaux. Les hurlements s'amplifièrent, grimpèrent dans les aigus, la crise de nerfs n'était pas loin. Sa mère sauta sur la sonnette d'appel tandis que son père lui bassinait les tempes d'eau froide. Le dernier cri se cassa en sanglots rauques et saccadés. Comme un animal blessé, la jeune femme se repliait sur elle-même. Un goût métallique de sang apparut dans sa bouche, elle pensa à une hémorragie, la peur l'emporta sur la peine. La colère finit par l'épuiser, le chagrin et les pleurs aussi.

« Bon Dieu de rue, diable de maison », dit le dicton. Qui pourrait croire que ce couple si bien assorti à l'extérieur, se déchirait à l'abri des regards ?

Adeline a demandé le divorce. Elle a, aussi, quitté son emploi. Par la force des choses mais, surtout, à cause du harcèlement de son mari.

Fabrice, sûr de lui, n'avait jamais été quitté par une femme. Son ego en prit un coup, sa réputation également. La jeune femme avait fait son deuil de son mariage bien avant de partir, l'homme imbu de lui-même ne pouvait pas accepter une telle situation. Elle vécut, dés lors, un harcèlement de tous les instants. Il l'appelait pour des broutilles, sonnait à sa porte sans raison. Il voulait reprendre la vie commune car il ne supportait pas l'échec.

– Mais enfin, lui dit-elle un jour, excédée de son insistance, ce n'est pas ton premier divorce, je suis ta troisième femme ! Tu as ennuyé les deux autres ainsi ?

– Non, c'est moi qui les ai quittées. D'ailleurs, tu le sais puisque j'ai quitté ma femme pour toi.

– Ah bon, je pensais que c'était elle qui en avait eu marre.

– Peu importe, ce que je sais c'est que tu m'as humilié et tu vas le payer cher.

Pendant plusieurs mois, le téléphone d'Adeline sonna, jour et nuit, sans qu'un mot ne fût dit à l'autre bout du fil. Elle coupa son téléphone et acheta un GSM. Puis, il tenta de l'apitoyer avec des larmes. Un jour, prise de remords, elle le laissa entrer et l'écouta. Il lui redit son amour, sa peine. Il lui promit de s'amender. Elle avait retrouvé son poids normal, ses cheveux avaient poussé, elle se maquillait. Bref, elle avait retrouvé sa véritable personnalité et ne voulait plus revivre cet enfer. Elle essaya gentiment de lui expliquer ce qui clochait chez lui et ce qu'elle entendit, l'effraya.

– De toute façon, tu ne retrouveras jamais ta véritable personnalité. Je ne suis pas con, je sais ce que je fais et je n'ai pas besoin d'une psychothérapie comme toi. Car je suppose, te connaissant, que tu as entrepris une thérapie ? Je vais te faire un cadeau : explique à ta psy que je recherche des femmes au caractère bien trempé afin de mieux le leur casser, c'est un sport pour moi.

Pieds nus sur le parquet de bois ciré, Adeline s'avance lentement vers la cheminée de marbre et s'étire d'aise telle une chatte qui a avalé un bol de lait. De grosses bûches flambent et projettent des lueurs orangées dans la pièce. La jeune femme adore se retrouver seule dans la sérénité retrouvée.

Elle prépare un Pinot gris pour l'apéritif et quelques scampis en dégustation. Elle attend, sans impatience, l'arrivée de son ami. Elle a enfin trouvé l'amour véritable, le vrai, celui qui ne triche pas. Elle a oublié les affres vécues avec Fabrice. Celui-ci n'a toujours pas de chance, sa vie chaotique s'est compliquée d'une arrestation pour détournement d'argent. En lisant l'entrefilet dans le journal, Adeline a murmuré, « la roue tourne, mon ami, la roue tourne ».

La nuit est enceinte, l'aube accouchera d'un avenir prometteur pour Adeline.

Les cons.

> Les cons, ils osent tout. C'est même à ça qu'on les reconnaît.
>
> Michel Audiard.

Nous sommes tous, quelque part, le con de quelqu'un.

Il y a mille et un endroits où l'on peut rencontrer des cons. Il y a des nids partout. Il suffit, parfois, d'un orage, d'un vent contraire ou d'une petite contrariété et le con se révèle à vous. Pas besoin de filet à papillons pour l'attraper, c'est lui qui vient vers vous. Naturellement. Car le con est très sociable et il ne comprend pas que les autres puissent l'être moins que lui. Il a, bien sûr, ses endroits privilégiés. Il faut le savoir. Vous rencontrerez plus facilement un con à l'arrêt de bus, dans les salles d'attente des médecins et des hôpitaux, dans les files des grands magasins, dans les bistrots, sur les trottoirs des quartiers chics et dans les cités sociales, dans le sillage des personnalités connues en politique et tous ceux qui passent par l'écran de télévision, au volant des bolides… Dans ce dernier cas, vous ne risquez pas d'être ennuyé par sa conversation mais plutôt par ses coups de klaxon ou, plus grave, vous risquez de vous faire écraser par lui. Dans le meilleur des cas, le con chauffeur vous fera un doigt ou un bras d'honneur. Qu'y a-t-il d'honorable dans cc geste ? La question est posée. Si un con pouvait l'expliquer, cela ne nous rendrait pas plus compréhensifs mais, au moins, nous ne mourrions pas idiots.

Le con n'est pas spécialement issu d'une classe sociale inférieure. Il y a des cons chefs d'entreprise et des cons ministres comme il y a des cons chômeurs et des cons travailleurs. Attention, ne pas confondre : les cons ministres ne sont pas forcément des ministres cons. En Belgique, il y a des cons fédérés du Nord et des cons fédérés du Sud. Il y a des nuances dans la connerie comme dans tout.

Le con appartient aux deux genres : con pour le masculin, conne pour le féminin.

Le con ne se cultive pas, il pousse tout seul et devient vraiment con à part entière dès l'adolescence, l'enfant étant trop pur et sans idées préconçues pour pouvoir énoncer des conneries.

– S'il y avait plus de tolérance entre les citoyens, entre les différentes races, les individus vivraient plus sereinement. Savez-vous que 70% de la population belge vit en fonction du regard des autres ? L'apparence extérieure, ce que l'on appelle le « paraître », compte énormément. C'est en majorité les personnes des générations avant les années 60 qui vivent dans l'anxiété du jugement d'autrui. Ensuite, une catégorie d'individus de la génération 68 a découvert une autre manière de vivre et a osé remettre en question les valeurs fondamentales ainsi que les principes régis depuis des lustres. Ainsi parlait le conférencier, professeur ultra diplômé en psychologie, du haut de sa tribune sur la scène d'un théâtre d'une grande ville. Aux applaudissements nourris, il comprit que la centaine de participants l'approuvait. Il constata, avec un sourire narquois, qu'aucun d'entre eux ne s'était reconnu dans les différents portraits décrits sans concession, avec une pointe de sarcasme. Sinon, se dit-il, ils se seraient vexés et n'auraient pas applaudi aussi chaleureusement. Test réussi, conclut-il ironiquement, les cons dispersés dans la salle ne se remettront pas en question car ils ne savent même pas qu'ils sont cons.

* * *

La connerie n'a aucune limite, elle s'installe partout, elle prolifère, à croire que c'est contagieux. Pourtant, ce n'est pas une maladie, c'est surtout un état d'esprit. À l'instar de Bigard, certains cons ont l'art de poser des questions qui, à défaut d'être intelligentes, ont le mérite de le présenter tel qu'il est : un con.

– Fait chaud hein ?

Constatation ou question ? En tout cas, à plus de 30°, forcément, on ne peut qu'acquiescer. Pouvons-nous contredire une si belle interrogation ? Honnêtement, il faut avouer que certaines personnes emploient ce stratagème pour entamer une conversation. Ils ne sont pas cons pour autant, ils manquent simplement d'un peu d'imagination.

Ce genre d'interrogations inutiles parsème notre vie quotidienne du genre : « T'as grossi toi ? » et vous, qui essayez de maigrir de répondre : « Pas plus que toi » et toc, non mais ! Bigard s'est chargé, avec bonheur, de faire un sketch non exhaustif en matière de connerie et a ouvert une porte où se sont engouffrés tous les rigolos cons ou pas cons.

La connerie, comme le crétinisme, ne se mesure pas. Il n'y a pas de normes l'autorisant ou l'interdisant. Notez que si c'était remboursé par la sécurité sociale, les caisses seraient vides depuis longtemps. Quoique, avec le nombre d'accidents causés par les cons et les crétins, les mutuelles payent des dividendes très conséquents. Qu'y a-t-il de plus con que de rouler à tombeau ouvert pour freiner 500 mètres plus loin, que de se lancer dans des combats de vitesse, que de se venger via la voiture en coupant la route ou en se rabattant brutalement ? C'est d'un élégant ! Et ceux-là qui vous injurient, vous font des signes, des appels de phares, vous brutalisent oralement et vous harcèlent sur quelques kilomètres d'autoroute, ceux-là perdent leur costume de con dès qu'ils ont quitté l'engin à quatre roues, tels des vampires redevenant humains quand ils abandonnent le volant de la voiture. Il y a les cas légers qui ne sont que passagers et les puits sans fond, « cons génitaux » irrémédiablement indécrottables. Nous devons apprendre à les accepter et à vivre avec eux. Ce n'est pas toujours facile, mais avec un peu d'humour, on peut y arriver. À condition de ne pas tomber sur le con méchant, c'est le plus redoutable car il cumule la bêtise, la connerie, l'agressivité et une dangereuse propension à ne voir que des ennemis autour de lui tout en se croyant d'une intelligence supérieure. L'Ange Vengeur, c'est lui ! Procédurier, il attaque tout ce qui le dérange en commençant par les administrations qui n'engagent que des « fainéants », du bureau de poste à l'administration communale en passant par les CPAS et les bureaux des finances. Tout qui se trouve derrière un comptoir vitré est un paresseux qui se la coule douce sur le compte des cons. Les enseignants n'échappent pas aux critiques des cons. Eux, ils sont payés pour jouer avec des enfants, ils ont plus de congés que de jours de travail, ils punissent sans raison et se mêlent de la vie des parents.

– Ce n'est pas un gratte-papier qui va me donner des leçons. Si mon fils veut regarder son feuilleton avant d'aller à l'école, c'est son droit. De quoi il parle l'autre con ?

N'est pas con celui qu'on croit dans ce cas précis mais le secteur de l'enseignement comporte aussi son lot de cons comme dans tous les métiers. On peut être excellent pédagogue, être bardé de diplômes et être le roi des cons quand même. Enseignants, délégués syndicaux, gérants de banque, chefs de service, ces professions où l'on a un certain pouvoir engendrent, à court ou long terme, un changement notoire chez des individus plus faibles, ils prennent goût au pouvoir et, petit à petit, ils deviennent cons. Il suffit d'une promotion et voilà notre petit instituteur, affilié actif au syndicat, qui se transforme en directeur autoritaire, intolérant et d'une mauvaise foi telle qu'on se demande s'il n'a pas suivi une formation spéciale « directeur imbuvable » avec option « détournement de fonds ».

Les cons ne sont pas toujours de l'autre côté du bureau ou de la vitre. Lorsque vous attendez patiemment que la buraliste termine sa communication téléphonique avec une collègue d'un autre bureau, n'essayez pas de vous rappeler à son bon souvenir, vous aurez droit à un soupir de lassitude tandis qu'elle expliquera à sa « conne sœur » qu'elle doit la quitter à cause d'une énervée ou d'une excitée ou d'une pressée qui ne comprend pas que les autres travaillent.

Moins nuisible mais aussi agaçant, « le con au GSM ». Dès que les hurlements de son appareil se font entendre, le con frétille, il ne se sent plus, il va enfin décrocher et montrer à la terre entière qu'il est en communication. Vous reconnaîtrez le con dès la première sonnerie, elle est tout sauf discrète, parfois carrément stupide en cris inhumains. Plus sa sonnerie est dérangeante, plus le con est content de lui. Ensuite, fanfaron, il entame sa conversation en hurlant, face à vous, afin de bien vous faire profiter de son bonheur ou de son malheur. Exemples. Voix fortes, criardes.

– Ouais, ouais, ouais, ah, d'accord, ouais, ah mais non hein !

– Non, ma mère n'est pas une pute ! J'vais te dire, moi, ce que tu es. Ouais, j'ai pas peur de toi, mon vieux, viens, allez viens. Où ? J'suis chez le médecin, j'attends mon tour.

– Allo, ah c'est toi ? Non, je n'ai pas regardé le numéro. Ça va ? Oui, moi aussi. Attends, je prends un chewing-gum. Allez, vas-y, je t'écoute. Non, je n'ai rien à dire, c'est toi qui m'appelles. Quoi ? Mais non. Qui t'a raconté ça ? La salope, attends que j' la coince. Quoi ? Me taire ? Fallait pas me le dire alors ! Bon, je raccroche, ça va être mon tour, salut..

Audiard n'aurait pu faire mieux que ces dialogues dignes des films sur la bêtise humaine. « Le jour où on mettra les cons sur orbite, t'as pas fini de tourner », dit Jean Gabin, en une répartie magnifique devenue culte pour les amateurs du genre, dans le film « Le Pacha ». À l'écoute de ces dialogues, la salle d'attente ou les passagers d'un bus profitent de ce morceau de vie hautement coloré et intéressant. Le pire, c'est que le con se trouve intelligent dans ce genre de situation. Il y en a qui s'exhibent, le GSM toujours à l'oreille même s'ils ne sont pas en communication. C'est vrai quoi, cela ne sert à rien d'avoir un GSM si on ne peut pas le montrer. Et puis, cela donne un air intelligent, comme un standardiste ou un pilote d'avion. À part que pour ceux-là,, c'est plus qu'utile. C'est un peu pour cela aussi que les cons l'achètent, le GSM, pour montrer qu'ils ont tout à la dernière mode, comme les copains.

Dans un autre genre, vous avez aussi le con bien habillé qui se la joue hyper débordé et qui marche à grandes enjambées, l'air affairé en parlant à son « G » ultra perfectionné comme un ordinateur. Celui-là parle bas, parfois il peut traverser la Galerie de la Reine et le Sablon sans lever les yeux de ses pieds tant il est pris par sa conversation super importante. S'il rencontre un de ses condisciples, ils se regardent à peine et se comprennent immédiatement, il y a des codes entre cons.

* * *

Est-il nécessaire de citer des catégories de cons ? Comme les cons en uniforme par exemple. Celui-ci leur donne une légitimité dont ils s'enorgueillissent à gogo.

Pensez donc, être payé pour faire le con, qui peut demander mieux ?

La société est bien foutue, dit Bernie. Elle fout des uniformes aux cons pour qu'on les reconnaisse.

Avoir le pouvoir d'arrêter ses pairs pour un procès, pour des dettes, pour tapage nocturne, quelle jouissance. Défiler le 21 juillet devant le roi et le pays entier en marchant au pas et en tournant la tête au coup de sifflet, quelle fierté pour papa, maman, pépé et mamy ! Au pas, camarades ! Ils ne sont pas tous cons, c'est vrai mais avouez qu'il faut beaucoup d'imagination pour ne pas y croire.

Il y a aussi, plus nombreux qu'on le pense, le con radin. Un tantinet plus intelligent que ses compères. Car, il faut un certain degré d'astuce pour boire sur le compte des autres et partir sans payer sa tournée. Si, si, ça existe. La technique est simple : lorsque son tour arrive, il part aux toilettes ou salue et part sous un prétexte quelconque. Certains, sûrs d'eux et sans-gêne, ne bougent pas et consomment jusqu'au moment où un vis-à-vis râle. Alors, le faux con se lève, la mine vexée, son regard toise le rapiat qui ose lui rappeler sa condition et part honorer une autre table de sa présence.

Le con béat. Le beauf., lui, c'est le roi, le roi des cons. Son sourire comblé lorsqu'il se trouve en présence d'un « people » vaut tous les sourires de bébé repu après la tétée. Content, ce qu'il est content lorsqu'un personnage « connu » lui tape sur l'épaule ou lui offre un verre. Le con content a oublié, ou fait semblant d'oublier, que c'est la campagne électorale. Chacun sait qu'en cette période, les rues pullulent de cons. Les « cons sidérés » et les « cons descendants ». Avant de saluer les électeurs potentiels, le con qui descend dans la rue se prépare physiquement et mentalement. Il y en a qui suivent des formations, cela s'appelle du « conching ». Pendant ce temps, le con normal se balade et ne s'attend pas à être reconnu, d'où son air sidéré. Avant de serrer la main tendue, il se frotte la paume de la main droite, « la belle main » comme disent les parents cons, sur la toile du pantalon pour en enlever la moiteur, pas du pantalon mais de sa main. IL est tellement content qu'il sue par tous les pores de sa peau. Moi, se dit-il, c'est moi que Di Rupo a salué. Pourvu que ça passe à la télé. Quand les copains vont me voir avec tous ces hommes politiques ! Il ne votait pas socialiste mais passer à la télé à côté de l'Italien, ça vaut bien un vote en remerciement, n'est-ce pas ? Et voilà comment les cons descendants, dans les rues, remplissent les urnes électorales, grâce aux rencontres. Entre cons, on se reconnaît.

À la foire du livre, des écrivains célèbres donnent facilement et simplement des autographes. Vous vous dites que c'est pour vendre leurs bouquins, c'est vrai. Mais il y a aussi des connes qui gazouillent, qui frétillent de la croupe devant des « people » du petit écran. Pendant ce temps, la file s'allonge, ceux qui attendent ont des kilomètres dans les jambes pour avoir couru d'un stand à l'autre. Ces connes émoustillées sont tellement fières et excitées de poser à côté de leur auteur préféré qu'on ne peut qu'attendre que ça passe. Il n'y a rien à faire, elles n'entendent plus, elles sont dans un état second. Il y a aussi des cons qui ne connaissent aucun des livres vendus mais font semblant de… Ça leur donne un genre. Ils ont l'impression d'être intelligent, c'est déjà ça !

La starisation à outrance des joueurs de foot, des sportifs de haut niveau, des chanteurs et des faux acteurs de télé réalité, des filles de milliardaires, bref de tous ceux qui passent à la télévision, a occasionné des vocations précoces.

– Que veux-tu faire plus tard, mon petit ?

– Je veux passer à la télé, répond le futur con.

Les cons peuvent engendrer des petits cons selon l'éducation reproduite de génération en génération. De temps en temps, émerge un gars sorti de cette malédiction, il est alors rejeté par ses pairs car « pas normal ».

Le con raciste peut être aussi bête que méchant. Il suffit qu'un brave homme, belge, qui a gardé son accent italien depuis ses années de mine, soit en désaccord avec lui pour que le convivial se transforme en contrariant.

– Enfin, nous avons de la chaleur, il était temps, assure l'homme avec bonhommie.

– Ouais, ma qué cette nuit on va avoir dé l'orage, c'est touzours ainsi en Belgique.

Le con insultant se réveille.

– Si c'est mieux dans ton pays, retournes-y. Qué tu fous ici ? Vas-y ! On te retient pas !

Le malheureux se demande encore ce qu'il a fait car il a tout simplement répété ce qu'il entend, depuis quarante ans, en Belgique, par les Belges.

Le Belge râle par habitude, ce n'est pas de la connerie, c'est un art de vivre. Il râle sur la météo, sur les jeunes et les vieux, sur les profiteurs, les bus en retard, les voisins bruyants, les programmes télés, les congés scolaires, les pensions, le chômage et les chômeurs, les horaires de travail, les vacances… Le Belge râle pour entretenir la conversation.

Le « con testateur » parle beaucoup, il ne teste rien mais conteste tout. Que ce soit avec les amis ou sa conne jointe (accent du midi), il réfute les arguments qui ne sont pas les siens. À force d'essayer d'avoir le dernier mot à tout prix, il ne se rend pas compte qu'il parle seul, il ne convainc que lui-même et il ne sait plus, à la fin de la soirée, s'il est le « con vaincant » ou le « con vaincu ». Dans ces soirées, vous risquez de rencontrer aussi le « con gelé », coincé, engoncé dans ses principes rigides, défendant la veuve et l'orphelin mais n'en connaissant aucun. Il protège sa vie privée comme une forteresse. Il connaît la vie des autres mais ne dévoile rien de lui-même, sa porte est fermée et les tentures tirées. Rien ne filtre.

Ah, j'oubliais… le « con voyeur » et la conne indiscrète.

Ils se repaissent de détails sur les malheurs des autres. Comme dans « les experts », plus il y a de souffrances et de sang, plus c'est vendeur.

Le « con voyeur » se déplace rapidement, il court sur les lieux des catastrophes. Il veut tout voir. Il renifle le malheur comme un chien sur une piste. Le voyeurisme est poussé à l'extrême par les collectionneurs. Si, si, cela existe. Des voyeurs photographient les lieux des drames et s'en gargarisent comme des faits d'armes. Ils montrent volontiers leur collection de photos comme une sorte de trophée. Il n'y a pas une once de compassion dans cette course aux horreurs mais une manière de se mettre en valeur.

– J'y étais, j'ai tout vu. Vous ne me croyez pas ? J'ai des preuves, j'ai fait des photos.

En quête de reconnaissance, ils ont le pouvoir de raconter, d'ajouter leur touche morbide personnelle. Durant quelques heures, le « con voyeur » et la conne indiscrète se convaincront d'avoir de l'importance, d'être un héros ou une héroïne comme dans leurs séries télévisées préférées.

Et ce monsieur Toutlemonde, retraité de l'enseignement, imbu de son importance, qui fait mine de passer par hasard sur les lieux d'un incendie mortel et s'adresse aux autorités « en vue » sur le mode du copinage, tout en ignorant superbement ceux qu'il considère comme des gens sans importance et qui ont commis l'erreur d'arriver sur les lieux avant lui. Ce genre de situation le titille, c'est un complexé parmi d'autres. Ce n'est pas l'incendie ni les victimes qui l'intéressent, mais le fait d'être vu en compagnie de personnalités importantes, à ses yeux tout au moins.

Et si le photographe pouvait être là, ce serait encore mieux.

La conne indiscrète, elle, se nourrit, tel un vautour, des malheurs d'autrui. Elle fouille, creuse, retourne le couteau dans la plaie. Elle questionne et se pourlèche les grosses babines luisantes de détails scabreux, tout en prenant des airs de vierge offusquée qui écoute mais ne veut rien entendre.

* * *

Finalement, nous pouvons conclure cette vaste exploration en reconnaissant que la connerie fait partie de nos vies. Elle nous apporte l'humour utile dans certains moments sombres, elle permet de décompresser, de ne pas se prendre au sérieux.

Elle assure un rapprochement, il n'est pas rare qu'un faux con joue la comédie du vrai con afin de détendre une atmosphère pesante.

Il faut être bon comédien et excellent clown pour jouer au con, n'est pas con qui veut.

Et même si certains cons sont lourds, il faut bien reconnaître qu'avoir un petit con chez soi donne une ambiance particulière aux soirées. Pas de danger de vous ennuyer avec un con, ce n'est pas comme avec la télévision où les programmes sont souvent à pleurer de lassitude. Vous pouvez zapper le con, il n'est pas idiot, il comprend.

– Arrête de faire le con !

Il arrête, il n'est pas contrariant. Il suffit qu'il sache qu'il est con, car tous ne le savent pas. Soyez honnête avec lui, répétez lui simplement la phrase ci-dessus, il vous fichera la paix.

Mais ne vous étonnez pas si le boomerang vous revient dans la figure, le con n'est pas si con, il sait reconnaître un « con frère ».

Dialogue surréaliste

> Une mauvaise herbe peut être un trésor
> et un trésor peut être une mauvaise herbe.
>
> Auteur inconnu

– C'est quoi une mauvaise herbe, papa ?

– C'est une herbe qui n'est pas comme les autres.

– Qu'est-ce que cela veut dire, « pas comme les autres » ?

– Bêê… Ne pas être « comme il faut ».

– Cela veut dire quoi, ne pas être « comme il faut » ?

– Bêê… C'est être autrement que les autres.

– Et ils sont comment, les autres ?

– Merde, tu m'énerves. Sûrement pas comme toi.

– Alors, je suis une mauvaise herbe ?

– Mais non. Écoute, mon trésor, je t'aime tel que tu es. Avec tout ce que cela comporte de fatigue mentale, vu ta manie de poser des questions dérangeantes. S'il te plaît, ne te pose pas ce genre de questions inutiles et, surtout, ne m'en pose plus.

– Oui, mais je voudrais comprendre. Les herbes, dans le jardin, elles font bon ménage. Il n'y en a pas qui disent aux autres : partez, vous êtes mauvaises ?

– Je me suis, un jour, demandé…

– Ah, qu'est-ce que tu t'es répondu ?

Silence mi-déconcerté, mi-médusé.

– Donc, papa, une mauvaise herbe, ça peut être quelqu'un qui ne joue pas comme moi, qui n'est pas roux comme moi, qui ne s'habille pas comme moi ?

– Euh, hem, ce n'est pas aussi simple que cela, mon fils.

– Explique-moi alors. Une mauvaise herbe, c'est une herbe qui fait du tort ?

– C'est ça !

Ouf, se dit-il, on avance, on arrive au bout du sentier aussi tortueux que les pensées du fiston.

– Et chez les humains, comment on reconnaît une mauvaise herbe ?

Et merde, c'est reparti !

– Je ne sais pas, moi. Peut-être à sa façon de vivre, d'avoir des idées bizarres, de faire des choses pas recommandables. Bref, on ne fréquente pas les mauvaises herbes. D'ailleurs, tu n'en connais pas.

– Des choses pas recommandables, c'est pareil que des choses originales ?

– Si on veut.

Mais où va-t-il chercher tout cela ? Comment je vais me sortir de là ? pense l'adulte excédé autant que fatigué.

– Ton copain, c'est une mauvaise herbe ?

– Quoi ? Quel copain ?

– Maman dit toujours que c'est un original.

Pffuut… Nous n'allons nulle part avec cette conversation. Mais pourquoi lui ai-je donné ce livret de citations ? Cette marotte, à son âge, de poser des questions qui ne viendraient même pas à l'esprit des autres gosses de son âge. Comme s'il voulait me mettre à l'épreuve. Le père essuie, d'un revers de manche, la sueur de son front.

– Et dans le jardin, quand tu arraches des herbes, comment sais-tu qu'elles sont bonnes ou mauvaises ? C'est toi qui décides ? Tu as regardé dans un livre d'herbes ? C'est un vrai problème, hein oui papa ?

C'est toi le problème, pense, in petto, le père en essayant de détourner la conversation vers un autre sujet. Il n'en trouve pas un assez vite.

– Je sais qu'il y a de mauvaises herbes et qu'il faut les arracher pour qu'elles n'envahissent pas les bonnes herbes. Tout le monde sait cela, on se le transmet depuis des siècles. Point final.

– Oui, mais il y en a peut-être des bonnes dans celles que tu crois mauvaises.

– Ah ça, répond le papa sûr de lui, se retrouvant enfin en terrain connu. Ah ça, mon fils, sache que l'on ne fait pas d'omelettes sans casser d'œufs.

– Ou…Oui papa. Pourquoi tu parles d'œufs avec des herbes ? Je ne comprends plus rien.

– Moi non plus, tu m'embrouilles à la fin ! Écoute, mon garçon, cette conversation dévie. Tu ne peux pas comprendre, attends encore un peu. Profite de ta vie sans te poser de questions.

– Toi non plus, tu ne comprends pas. Tu ne sais pas répondre à mes questions toutes simples.

– Mais moi, j'ai l'expérience de l'âge et je sais reconnaître une mauvaise herbe instinctivement, ça ne s'explique pas.

– Bon, si j'ai bien compris, dans la vraie vie, pas celle des herbes du jardin, il y a des gens qu'il faut déraciner et jeter pour qu'ils n'étouffent pas les autres.

– Grands dieux, non, je n'ai jamais dit cela. Dans la vie, il y a des milliers de personnes différentes physiquement et mentalement. Certains ne commettent jamais d'actes mauvais tandis que d'autres en grandissant deviennent des bandits dangereux pour la société. Disons qu'il y a des mauvaises graines qui donnent des mauvaises herbes et qu'il faut les séparer des autres, on dit « séparer le bon grain de l'ivraie ».

– Ah, je comprends mieux. Les graines, ce sont les bébés et les herbes, ce sont les bébés qui sont devenus adultes.

– Voilààààà…

– Mais alors, papa, si on arrache les mauvaises herbes quand elles sont encore petites et qu'elles vont seulement pousser, si on les empêche de grandir, comment on sait si elles deviendront des bonnes ou des mauvaises herbes ?

Enôôôôrrrme soupir.

Eclats de vies

> La tolérance implique simplement qu'on accepte que l'autre ne pense pas comme vous, sans le haïr pour cela.
>
> Paul Henri SPAAK

Trévorr

– Tu crois qu'il est…

– Difficile à dire, à quoi les reconnaît-on ?

– Moi, ça m'est égal, je l'adooorrre !

– Oui, mais ce n'est pas normal.

– Et si on lui demandait ?

– Ah non, s'écrièrent en chœur les copines excitées sortant de leur voiture sur le trottoir du salon de coiffure.

Claquant des talons, pépiant et riant telles des collégiennes qu'elles étaient encore il n'y a pas longtemps, elles pénétrèrent à « la queue leu leu » dans le salon de coiffure accueillant.

– Bonjour les filles, s'exclama Trevorr sans lâcher les ciseaux et le peigne.

En ce vendredi matin, ses deux employés et ses trois apprentis se croisaient en un ballet habile, ils contournaient les clientes assises dans les fauteuils en cuir crème. D'un coup de hanche délicat, ils repoussaient les tablettes roulantes. Chacun connaissait son rôle, les apprentis tâtonnaient timidement, mais Trevorr avait le mot juste, le geste qui rassurait, le regard qui ordonnait. Dans ce brouhaha parfumé, il était quasi impossible de soutenir une vraie conversation, quelques mots volaient par-dessus les têtes « en main », une phrase par-ci, un bisou par là. Chacun se tenait à sa place. Les clientes connaissaient leur coiffeur : s'il était concentré, inutile de l'interpeller pour des bêtises. Les vapeurs des shampooings et des sèche-cheveux, les tiédeurs des casques ainsi que la chaleur des corps humains donnaient aux parfums divers, une lourdeur humide.

Laurent, le plus ancien, apprenti devenu employé à part entière, coupait les cheveux des hommes et des enfants tandis que Cindylou colorait et lissait les cheveux. Les apprentis shampouinaient, balayaient les flocons de cheveux coupés. Toutes ces activités étaient interchangeables, tous, y compris le patron, mettaient la main à la pâte et s'entraidaient en cas de grosse affluence.

En véritable maître de ballet, Trevorr dirigeait son salon de coiffure avec naturel et fermeté.

– Bidine, tu peux t'asseoir sur le fauteuil de gauche.

– Laurent, tu coupes Didier.

– Madame Chapuis, coupe et permanente ou permanente seule ?

Ainsi allait la vie du salon de coiffure qui ne désemplissait pas.

* * *

Trevorr avait réalisé son rêve. Quitter Bruxelles pour revenir vers ses racines. Cela n'avait pas été facile. Il avait vécu des moments très difficiles. Très discret sur sa vie privée, il avait mal supporté les chuchotements, les jugements, les questions directes et indiscrètes de ceux qui ne savaient rien mais racontaient tout et n'importe quoi.

À présent, Trevorr est serein. Il s'est marié, entouré de sa famille et d'une flopée de vrais amis et amies. Il a atteint la maturité nécessaire pour faire face à l'intolérance des ignorants.

Personne ne connaît réellement la vie privée des autres, même les proches ne se doutent pas de ce qui peut se passer derrière les murs dès que la porte est fermée. Et c'est ainsi que l'on se fait tout un cinéma. On cogite, on suppute, alors que le plus simple serait de ne pas s'occuper de la vie de l'autre sauf s'il a envie de se confier. Pourquoi imaginer ce qui n'existe pas ? Pourquoi cette curiosité déplacée ? Par ennui ? Par jalousie ? Qui sait ?

Trevorr savait, mieux que personne, l'impact nocif des remarques déplacées qui peuvent creuser l'âme et le cœur. Mais c'est aussi grâce à ce vécu difficile et tortueux, à cette recherche d'une certaine tranquillité d'esprit, qu'il a acquis cette fine perception de l'autre. Il comprend les tourments, il accepte les différences, il pratique l'autodérision à outrance et la compassion discrète.

– Eh oui, je suis un pédé. Et alors ? Cela vous dérange dans votre quotidien ? Cela vous empêche de dormir ? Moi non. Qu'est-ce que cela change dans votre vie personnelle que je sois homosexuel ? Je ne vis pas avec vous, je ne vous demande pas ce que vous faites de votre temps et de vos nuits. Chacun vit comme il l'entend, à partir du moment où il ne touche pas à la liberté de l'autre.

Son combat fut long et non visible. Par pudeur. Par décence et délicatesse. Son arme fatale fut l'exemple d'une vie saine, généreuse et exempte de scandales.

Haro sur les clichés du genre « les pédés sont des pédophiles », « les homos sont des dévergondés », « faut pas être sain pour vivre ainsi ». Conneries.

Trevorr était l'exemple frappant du garçon bien dans sa tête et dans son corps. Comment était-il parvenu à ce stade de paix intérieure ? Lui seul le sait.

Il s'est entouré d'un cercle d'amis dont les principes de vie sont en accord avec les siens. Ainsi, Marian qui ne se pose pas en philosophe et qui explique, tout naturellement, que l'argent peut tout acheter sauf les valeurs acquises par une bonne éducation. C'est-à-dire la politesse, la générosité du partage, l'écoute et, surtout, le respect de l'autre.

Depuis quelques années, Trevorr, sans s'en rendre compte, aidait à soigner les bobos intérieurs de certaines clientes. Ni fanfaron ni « m'as-tu vu », il savait trouver le mot juste.

Ce n'était pas une coïncidence si son salon de coiffure avait autant de succès. Hommes et femmes, enfants et ados y trouvaient un accueil souriant et chaleureux, un amour de l'autre, une écoute hors du commun, une compréhension attentive et une tolérance à toute épreuve. Enfin, pas toujours. Les emmerdeuses lui brisaient, parfois, son flegme apparent.

Ah, parfois sa parole fusait, tranchante, même cinglante, mais ne dit-on pas « qui aime bien châtie bien » ? Les habituées ne lui en portaient pas rigueur, d'ailleurs, elles lui pardonnaient tout.

– Je ne te l'envoie pas dire, lançait-il à une fausse timide qui attendait des paroles plutôt flatteuses.

– Te refaire une beauté ? Comment peut-on refaire ce qui n'a jamais existé ? Ah, ah, je rigole ma chérie.

– Tais-toi, écoute-moi, assénait-il en embrassant la cliente énervée ou gênée.

– Tu veux en ramasser une ?

Échantillonnages d'ordres qui remettaient les récalcitrantes sur les rails.

Figaro ou Freud ? C'est exagéré, sans doute, mais pourquoi pas ?

Trevorr marié, il s'est épanoui en couple avec son amoureux. Inutile d'en dire plus, ces deux-là sont faits pour vivre ensemble au mépris des commentaires des esprits chagrins. C'est leur vie, leur bonheur, leur aventure à deux. Qui sont-ils, ces gens qui portent un jugement ? De quel droit ? Sont-ils eux-mêmes heureux ?

À l'abri de certains murs, des couples dits « normaux » vivent des laideurs bien plus terribles que le fait d'être homosexuels. Si les voyeurs savaient ce qui se passe derrière certaines façades, ils se tairaient face à deux garçons sains de corps et d'esprit, qui ont trouvé le bonheur ensemble.

* * *

Clarisse

Voilà des années qu'elle souffre, qu'elle court d'une clinique à un CHU, d'un spécialiste à l'autre. Ce n'est pas évident quand on ne veut pas être prise en pitié, quand on veut rester digne et garder ses douleurs pour soi. Parfois, un handicap visible est plus facile à porter, face à la bêtise humaine et à l'intolérance.

La maladie qui la ronge, lentement mais sûrement, porte un nom encore inconnu de la population il y a vingt ans à peine : la maladie de Crohn.

La personne qui la subit vit une double souffrance, celle de la maladie et celle de l'incompréhension. Ainsi que la fibromyalgie et toutes les maladies inconnues au départ, les malades, qui les vivent, passent pour des « carottiers », des paresseux ou des dépressifs.

– Il y aura des rémissions, Madame, mais je vais être franc, vous risquez de devoir subir des interventions chirurgicales. Je crains que vous ne deviez vivre avec « cela » toute votre vie.

Comment vivre avec « cela » quand on a à peine trente ans ?

À présent, ils sont trois dans le couple : Elle, Lui et la Maladie.

On ne s'habitue pas à une maladie, on vit avec, on lui fait des concessions. Il y a des habitudes à perdre et d'autres à prendre. Et surtout, il y a cette fierté de ne pas gêner l'entourage familial, ni celui du lieu de travail, par des plaintes. La malade a plus de pudeur encore qu'une personne en bonne santé. Sa maladie ne se raconte pas, elle se vit de l'intérieur. Le conjoint est seul à vivre cette intimité, il fait partie intégrante du processus de rémission provisoire ou, plus rarement, de guérison. Au début de la découverte de la maladie, il y a du désespoir, les mots ne trouvent pas le chemin du réconfort, on se replie sur soi, on en veut au destin, on se demande pourquoi on est puni. Pourquoi moi ?

La malade ne veut surtout pas tomber dans le misérabilisme, que ce soit avec le milieu médical ou dans l'entourage immédiat. Le plus dur à vivre, c'est le scepticisme des autres. Forcément, on ne croit que ce que l'on voit.

– Elle fait encore un caprice.

– Elle est vexée, cela ne s'est pas passé comme elle voulait, alors elle prend un congé de maladie, c'est tout vu.

– Vous avez vu la tête qu'elle fait ?

En effet, pas facile de rire et de sourire avec ces douleurs internes et ces regards en coin. Il y a aussi cette épée de Damoclès au-dessus de sa tête et cette question lancinante : à quand la prochaine crise, la prochaine opération ?

– Quand elle est contrariée, paf, ça y est, elle tombe malade.

Réducteur. Mais c'est vrai qu'une grosse contrariété peut déclencher une crise. Cela s'appelle une somatisation. Certaines personnes font une allergie, de l'herpès ou du psoriasis. D'autres se plaignent de l'estomac, se cassent des os fréquemment, ou encore, des personnes fragiles développent des cancers. La médecine commence, enfin, à s'intéresser à la somatisation due à l'angoisse, au stress, à la peur ou à un choc terriblement émotionnel.

Clarisse, elle, souffre surtout des doutes à peine cachés de ses collègues de travail et de quelques membres de la famille ainsi que la belle famille.

Dans son travail, les plus jeunes sont les plus féroces dans le harcèlement.

– C'est vrai quoi, elle ne pense pas qu'on va se taper son boulot chaque fois qu'elle prend un congé de maladie. Qu'elle prenne sa retraite tout de suite, il y aura une place libérée et basta.

– Si elle était si fragile, fallait pas qu'elle prenne ce genre de travail.

Elle doit aussi vivre sous les regards suspicieux de celles qui pensent à une comédie, qui la considèrent comme une chochote.

L'indifférence tue, dit-on. Le jugement bête et idiot aussi.

Clarisse veut continuer à travailler. Que lui resterait-il si elle abandonnait tout ?

Les petites écervelées qui jugent sans savoir pourraient un jour se retrouver dans une situation similaire. Faut-il absolument que les malades se répandent sur leurs malheurs pour être pris au sérieux ? Pourquoi la personne qui souffre doit-elle toujours se justifier ?

Le plus terrible pour Clarisse, c'est la famille : soit elle l'étouffe soit elle l'ignore.

– Ce n'est pas contagieux, a-t-elle dit, un soir, à quelqu'un qui prenait des renseignements par téléphone mais n'osait pas lui rendre visite.

– Je ne suis pas encore morte, a-t-elle lancé à une autre qui la visitait avec une mine de croque-mort et chuchotait des phrases tristes à pleurer.

Une grande partie de la famille ne la comprenait pas et n'envisageait pas d'essayer de comprendre ce mal qui la rongeait. L'accepter avec son mal invisible ? Pas facile, mais pas impossible avec de la tolérance et de la compréhension. Ce mal qui n'était pas invisible pour elle et son mari.

– C'est trop, je n'en peux plus, pleurait-elle dans les bras de son mari impuissant face aux détracteurs à la limite de la torture mentale.

Oui, c'est un crime, pensait-il. Ils l'enfoncent plutôt que de nous aider. Ce sont des monstres d'égoïsme qui se mettent des œillères sécurisantes. Ils ont peur de voir la vérité dérangeante et se rallient, par facilité, aux cancanières. Ils ne connaissent rien de notre vie privée, ils ne savent rien de cette maladie et ils se permettent de juger et de critiquer.

C'est le hasard qui amena, un jour, Clarisse chez Trevorr, grâce à une amie.

La rencontre entre ces deux-là peut s'apparenter à un coup de foudre amical. Ils se reconnurent dans leurs blessures internes. Ils se trouvèrent les mêmes fêlures, ils se confièrent leurs angoisses et leur sentiment de rejet. L'un apportait, à l'autre, sa joie de vivre, ses expériences sophrologiques, ses messages d'espérance et sa positivité. L'autre amenait un lourd bagage difficile à traîner et cherchait quelqu'un pour l'aider à le porter. Elle découvrit des pépites d'or pur au milieu de ses haillons de pensées. L'un et l'autre avaient trouvé un trésor caché aux yeux des autres. Chacun, avec sa différence, reconnut chez l'autre son jumeau dans les blessures pas cicatrisées.

* * *

Sofia

– Docteur, je vous assure qu'il a toussé toute la nuit. Il a de la fièvre.

– Madame, on ne vient pas aux urgences pour un rhume. Vous n'avez pas de médecin traitant ?

– Mais pour qui vous vous prenez ? Parce que vous avez un diplôme et une blouse blanche, vous croyez être mieux que moi ? Je sais que mon enfant est malade.

La voix monte dans les aigus, l'hystérie est proche.

– Calmez-vous, Madame, il n'y a pas de raison de vous mettre dans un tel état. Votre enfant n'est pas malade, il n'a pas de fièvre, juste un peu la gorge irritée et beaucoup d'angoisse due, sans doute, à vos peurs.

Sofia éclate en sanglots, l'infirmière ne comprend pas son désarroi et la peur de perdre son petit garçon. Depuis qu'il est né, elle panique à la moindre petite toux.

Surtout depuis qu'il est tombé dans le jardin et s'est cassé la jambe. Il n'a que trois ans, le pauvre petit. Son papa les a abandonnés tous les deux, elle n'a plus que lui, et lui, il n'a qu'elle.

Aux urgences de cet hôpital, on connaît Sofia. Elle vient pratiquement tous les week-ends et une fois par semaine, elle trouve une excuse pour faire ausculter son enfant. Une pédiatre de service a envoyé un dossier au pédiatre en chef qui l'a fait suivre aux services de S.O.S., enfants battus.

Une voisine s'est présentée afin de témoigner que Sofia n'est pas une mère maltraitante, au contraire.

– C'est une femme qui adore son petit garçon, elle le couve comme une poule couve ses poussins. Je vous assure, Madame, que Sofia ne ferait jamais de mal à cet enfant.

Sofia a une famille qu'elle évite, nul ne sait pourquoi. La jeune femme paraît toujours triste. Son visage lugubre exprime un désarroi permanent. Dès que quelqu'un lui adresse la parole, son regard exprime un désespoir sans fond.

Elle avait un travail très bien rémunéré qu'elle a quitté pour s'occuper, à temps plein, de son garçon. Sofia n'avait confiance ni en la famille ni à une crèche pour la garde de son cher petit.

– Je l'ai mis au monde, il n'y a qu'une mère qui peut comprendre son enfant. La mère sait tout, elle sent ce que son petit a dans le ventre et la tête.

Au début, l'entourage avait pris cela pour un caprice de maman au caractère excessif. Puis, au fil du temps, elle a mis son mari dehors, elle a pris ses distances avec les amies et la majorité de la famille. Elle ne reçoit que les gens qui abondent dans son sens, c'est-à-dire qui croient comme elle que son enfant est malade et qu'elle est une mère martyre qui se sacrifie pour lui.

– Il a une maladie grave mais les médecins ne trouvent pas, alors ils disent que Youri n'a rien. Vous vous rendez compte, je suis toute seule pour m'occuper de lui.

Les voisines et l'amie qui lui sont restées fidèles sont persuadées que Youri est malade alors elles le gâtent plus que de raison. Parfois, Sofia les jette dehors quand elles veulent trop s'occuper de l'enfant.

– Vous faites trop de bruit, vous le rendez malade, c'est à moi de m'occuper de sa nourriture, pas vous. Toi, tu ne sais pas avoir d'enfant donc tu n'y connais rien., dit-elle méchamment à Danielle, l'amie qui, en effet, a découvert sa stérilité et en est très affectée.

Son amie a essayé de lui expliquer, de la raisonner. Résultat : elle s'est vue interdire la maison jusqu'à nouvel ordre. Jusqu'au jour où Sofia l'a appelée en pleurant depuis l'hôpital, son petit garçon était mourant.

Danielle s'est précipitée aux urgences en pleurant. Pauvre petit, c'est un oiseau pour le chat, pensait-elle en courant dans les couloirs. Elle interpella une infirmière qui parut étonnée.

– Non, je ne connais pas de petit malade aux soins intensifs. Adressez-vous à l'accueil.

L'employé du service d'accueil lui donna le renseignement, aussi étonné que l'infirmière.

– Oui, il y a un petit Youri aux urgences, mais apparemment ce n'est pas trop grave.

En se posant des questions, Danielle se dirigea vers le service des urgences et découvrit son amie sanglotant, seule, appuyée contre un mur.

– Que se passe-t-il ?

– Ils m'ont pris mon bébé, sanglotait Sofia dans les bras de Danielle.

– Ne t'inquiète pas, je vais me renseigner.

Elle poussa une porte au hasard et se présenta à la première personne en blanc qu'elle rencontra. Celle-ci la dirigea vers un bureau dans lequel un homme à la mine sévère s'entretenait avec deux femmes habillées comme des infirmières.

– Hem, hem, excusez-moi, je suis l'amie de la maman de Youri, je voudrais savoir ce qui se passe avec cet enfant.

– Madame, il n'y a que la famille qui peut entrer.

– C'est grave ?

– Je ne peux rien vous dire, n'insistez pas.

– Mais, elle n'a que moi. Elle a besoin de moi, elle m'a téléphoné.

– Elle, elle, elle, et l'enfant, Madame, vous y pensez toutes les deux ?

À cet instant, un homme en civil sortit de la chambre et passa derrière le bureau afin de remplir des documents.

– Docteur, je vous en prie, comment vont Youri et sa maman.

– Je ne suis pas médecin, Madame, je suis psychologue et j'attends la famille. Vous êtes... ?

– Sa meilleure amie, je m'occupais du petit.

– Eh bien, je ne vous félicite pas !

Interloquée, Danielle s'assoit sur un siège, perdue dans ses pensées.

Qu'a-t-elle fait de mal ? Que lui reproche-t-on ? Elle n'a plus vu l'enfant et sa mère depuis trois semaines. C'est vrai que Sofia est colérique, qu'elle s'énerve pour un rien et qu'elle rabroue sans cesse méchamment son amie mais pas au point de l'empêcher d'entrer dans la chambre, c'est elle qui a appelé « au secours » en pleurant.

Un bruit de pas. Cinq personnes se présentent à l'accueil en ignorant Danielle.

Celle-ci se précipite, en larmes, afin de leur expliquer la situation.

– Vous, je ne veux ni vous voir ni vous entendre, retirez-vous de mon chemin, je pourrais avoir un geste malheureux.

L'homme qui a parlé se présente comme étant le père de Youri.

– J'ai déjà prévenu les services sociaux après la naissance de l'enfant, mon ex-femme a un problème psychologique, elle doit être soignée, pas notre fils. Mais impossible de convaincre qui que soit, elle joue très bien la comédie.

– Suivez-moi, Monsieur, vous allez voir Youri, ne vous inquiétez pas, il est en bonne santé, juste un peu endormi.

– Ouf, dit Danielle dans un souffle. Elle ravala les paroles qu'elle allait dire quand elle reçut le regard meurtrier du papa de Youri.

* * *

Le corps médical découvrit que l'enfant avait ingurgité trop de sirop calmant. La mère fut hospitalisée, les médecins soupçonnaient un début de maladie de Münchhausen, le syndrome des mamans qui veulent un enfant malade afin d'être entourée, d'être plainte et d'être félicitée pour leur courage de maman.

Le père réussit à faire soigner Sofia et reçut la garde de l'enfant. On avait évité le pire.

* * *

Chez Trévorr

Le salon est pratiquement vide en ce début de semaine, les clientes préfèrent prendre rendez-vous le vendredi ou le samedi afin d'être « en ordre » pour le week-end. Trevorr boit une tasse de café dans sa cuisine, Cindylou colore des mèches d'une nouvelle cliente, Laurent coupe les cheveux d'une petite fille et une personne attend sagement son tour.

Trevorr pénètre dans le salon, sa tasse à la main, il paraît surpris.

– Clarisse ? Je ne savais pas que tu venais.

– Je suis venue à l'improviste, si tu n'as pas le temps, ce n'est pas grave. C'est pour ma colo. Je n'aurai pas le temps les autres jours.

– Pas de problème, ma chérie, Lolo va s'occuper de toi ou Cindylou, le premier des deux qui a fini saute sur Clarisse dit-il en repartant vers la cuisine.

Clarisse s'installe à côté de l'autre personne, elle la salue en la regardant dans le miroir. Leurs regards se croisent puis se détournent.

– C'est la première fois que je viens, dit la dame timidement.

– Vous pouvez leur faire confiance. Moi, je m'en remets entièrement à eux, je ferme les yeux et quand je les ouvre, je découvre ma nouvelle couleur ou un nouveau look. Regard incrédule de la cliente, éclats de rire de Laurent et de Cindylou qui ajoute, malicieuse : et parfois, elle est verte…de peur.

La conversation s'engage entre les deux femmes, seules dans le salon vide, tandis que les autres sont dans la cuisine pour déjeuner en compagnie de Trevorr.

– J'ai l'impression que vous êtes amie avec le coiffeur.

– Oui, nous nous connaissons depuis un bout de temps.

– Je m'appelle Sofia, et vous ?

– Je suis Clarisse. Vous habitez la région ?

Les deux femmes discutent de tout et de rien jusqu'à ce que la conversation devienne plus personnelle. Les deux femmes échangent leurs points de vue sur l'actualité. Sofia, curieuse, pose des questions de plus en plus indiscrètes, elle veut tout savoir sur Trevorr. Clarisse n'aime pas cela. Le coiffeur accueille les clients et clientes mais il ne mélange pas son métier et sa vie privée. Clarisse est choquée de l'attitude de cette nouvelle cliente qui se permet d'essayer d'entrer par effraction dans la vie de Trevorr. Clarisse, qui le connaît depuis longtemps, ne se permettrait jamais une telle indiscrétion. Elle est vraiment très franche et sans-gêne, cette femme arrivée on ne sait d'où.

– Moi, je trouve qu'on ne devrait pas admettre les étrangers, dit Sofia avec aplomb. Il y a beaucoup de choses qui devraient changer dans ce pays, il n'y a rien qui va, tout est permis, c'est une anarchie avec des pédés au gouvernement. Les Italiens sont des profiteurs, les Albanais sont des voleurs, les Arabes profitent de l'argent du pays, les Africains sont des paresseux et les pédés femmes et hommes sont des gens à mettre en prison.

Par réflexe, Clarisse, inquiète, jette un œil vers le fond du salon en priant pour que Trevorr n'arrive pas et n'entende pas ce chapelet d'insanités racistes et homophobes. Qui est-elle cette femme pour oser proférer de telles inepties ?

Est-elle parfaite ? N'a-t-elle jamais rien fait de répréhensible pour être aussi intolérante avec le reste de l'humanité ?

– Et puis, continue la femme, sûre d'elle, qui ne se doute pas des pensées qui se bousculent dans la tête de Clarisse, il n'y a plus d'éducation, les parents ne s'occupent pas du bien-être de leurs enfants. Et tous ces gens qui se disent malades pour profiter de la mutuelle. Vous savez qu'il y a des gens qui ne travaillent pas et qui sont payés quand même ? Moi, je dis : tu ne travailles pas, tu ne manges pas ! J'ai une voisine, elle est soi-disant malade mais je la vois nettoyer sa maison, tondre sa pelouse, sortir en voiture. Je veux bien être malade comme ça, moi !

Clarisse en reste bouche bée. Cette femme rassemble, à elle toute seule, tous les préjugés répandus dans notre société. Ce n'est pas vrai, je rêve, pense Clarisse. C'est une blague. Elle se moque de moi. Ce n'est pas le premier avril. Instinctivement, elle regarde autour d'elle, s'attendant presque à voir surgir Trevorr criant « suurrpriise » et lançant des confettis.

Mais non, la dénommée Sofia continue sur sa lancée. Clarisse revient à la réalité en entendant « ce n'est pas normal », elle n'a pas entendu le début, elle était perdue dans ses pensées.

– Vous êtes d'accord n'est ce pas ?

– Excusez-moi, je ne suivais plus la conversation.

– Je disais que la Belgique est un drôle de pays. Les bus en grève, les trains en retard, le mariage des homosexuels, la pluie, rien ne va ici. Et tous ces étrangers qui vivent sur le compte des belges !

Clarisse se préparait à riposter lorsque Trevorr lui coupa la parole.

– Laisse, Cindylou, je m'occupe des shampooings des deux colos. Tu peux ranger les essuies avec Lolo ? Merci.

Étonnée, Clarisse jette un coup d'œil dans le miroir, elle aperçoit le regard furibard de la jeune fille et le clin d'œil complice du garçon. Elle comprend que ces trois personnes ont entendu leur conversation ou, plutôt, le monologue de Sofia. Elle se prépare au pire, connaissant Trevorr. Il commença très doucement, délicatement, en lui massant le cuir chevelu tandis que Clarisse attendait dans le fauteuil à côté. Elle remarqua que les deux employés avaient amené le linge à plier dans le salon. Le décor était planté, l'acteur Trevorr pouvait entrer en scène. Ce qu'il fit dans la meilleure tradition des grands acteurs de jadis.

– Sofia ? C'est un prénom de quel pays ? La voix est douce, trop douce.

– Je suis croate, répond joyeusement Sofia sans méfiance.

– Donc, vous n'êtes pas belge ?

– Ah mais si, je me suis mariée avec un belge et voilà…

– Et ça ne vous gène pas de critiquer le pays qui vous accueille ?

– Mais je travaille, j'ai le droit d'avoir des avantages comme tout le monde.

– Les avantages, pas les inconvénients, comme je vous entends parler.

Les mains de Trevorr trituraient la chevelure de la cliente, il malaxait le crâne énergiquement. Clarisse pensait, à part elle, que si cette tête était un melon, elle aurait déjà éclaté. Assise face aux miroirs, elle croisait le regard de Trevorr et les éclairs qu'elle y voyait ne présageaient rien de bon, l'orage couvait. Cindylou et Lolo se poussaient du coude en riant sous cape.

– Et votre mari, il pense comme vous ?

– Oh lui, c'est un minable, je l'ai quitté.

– Ben oui, puisque vous aviez la nationalité, il ne servait plus à rien. C'est le plus important.

– Attention, Monsieur, j'ai un enfant donc c'est un vrai mariage, pas un mariage blanc, comme beaucoup d'étrangers, ils font. Moi, je suis honnête et j'éduque bien mon enfant toute seule.

– Moi aussi je suis marié, regardez mon alliance, dit Trevorr en achevant de frotter la chevelure avec l'essuie éponge. Elle est belle, hein ?

Clarisse, Lolo et Cindylou se regardent dans l'attente de ce qui va suivre.

Ils sont certains que Trevorr prépare une surprise à cette femme.

– Oh oui, elle est très jolie, votre alliance. Vous êtes marié depuis longtemps.

– Vous voulez que je vous présente mon ange ?

Sofia ne se tenait plus de joie, elle entrait de plein pied dans l'intimité du coiffeur dès sa première visite, elle avait charmé le coiffeur, elle était ravie.

Elle espérait copiner avec sa femme, cela lui ferait une bonne relation. Avec Clarisse, elle venait de se faire deux nouvelles connaissances. Elle entrait dans un monde nouveau avec la certitude de se faire apprécier de ses nouveaux amis.

Soudain, elle réalisa qu'un beau jeune homme venait d'entrer dans le salon.

– Je vous présente mon amoureux, dit Trevorr fier comme un paon. Il y a un an que nous sommes mariés. Nous avons la chance de vivre dans un pays démocratique, Madame, où les étrangers peuvent venir s'y réfugier et travailler. Même les ingrats sont logés et nourris, chez nous. Enfin, chez vous puisque vous êtes belge comme nous. Et les homosexuels sont acceptés, sauf par des intolérants fanatiques comme vous.

On aurait pu entendre une mouche voler. Chacun retenait sa respiration pour des raisons différentes. Sofia, de stupéfaction, Clarisse dans l'attente de la suite, Laurent et Cindylou pour retenir le fou-rire montant tandis que le mari de Trevorr disparaissait vers l'appartement sans avoir proféré une parole, trop écœuré de ce qu'il avait entendu.

– Cindylou, veux-tu t'occuper de Madame pendant que je sèche les cheveux de Clarisse à l'arrière. Je vous salue, Madame, je vous offre la séance de coiffure, vous ne me devez rien, à une condition.

– Ou…oui ? murmura la cliente qui ne savait plus que penser.

– À condition que vous ne reveniez jamais ici, je ne dois pas vous expliquer la raison, je pense. Je ne coiffe pas l'intolérance, la bêtise et le racisme. Or, vous, vous les réunissez tous à vous seule. Vous pouvez vous vanter de battre un record dans ce salon.

* * *

Clarisse et Trevorr ont eu une longue conversation. Cette femme, de par ses réflexions, leur a remis les idées en place. Bien sûr qu'ils ont raison de ne pas accepter l'intolérance sous quelque forme qu'elle soit.

C'est vrai que beaucoup jugent sur les apparences, que les jugements hâtifs existent et existeront toujours. Les plus intelligents se remettent en question, tandis que les idiots restent… idiots à vie.

Les deux amis arrivaient aux mêmes conclusions. Parfois, le jugement nous prend en pleine face et ça fait mal, très mal. Mais on peut aussi se protéger en évitant les gens méchants et mesquins, rien ne nous oblige à fréquenter ceux qui nous font mal, consciemment ou inconsciemment.

La critique positive est bénéfique à ceux qui l'acceptent. En amitié, c'est plus facile de dire à l'autre ce que l'on pense.

Chaque coup de pied au cul nous fait avancer d'une case sauf pour ceux qui s'arrêtent pour se masser les fesses et pleurer sur leur sort. Il faut des gens courageux qui osent se lever pour dire franchement, sincèrement, ce que les autres n'osent même pas penser.

« On n'est pas responsable de la tête qu'on a mais de la tête qu'on fait », sages paroles pour ceux qui critiquent ou jugent sur le physique. L'imbécillité suprême est celle qui se moque des physiques disgracieux ou des handicaps visibles. Dans le même registre, il y a la critique aisée des bien portants qui oublie que la maladie peut toucher n'importe qui à n'importe quel moment. Les moqueries, les rires étouffés, les regards insistants peuvent tuer aussi sûrement qu'une arme.

Trevorr et Clarisse se retrouvent sur la même longueur d'onde, ils ont une philosophie de vie identique et la résument à deux, d'une phrase.

« Ne jamais juger un livre sur la couverture, prendre la peine d'ouvrir le livre et d'en découvrir l'intérieur, la couverture n'est là que pour protéger ce qu'il y a à l'intérieur. » Chaque vie humaine est un livre qui s'écrit au jour le jour avec ses joies, ses malheurs, ses rencontres, ses bonheurs, ses découvertes et ses mystères. Chacun est libre de refermer son livre sur ses secrets ou de le partager en toute confiance, mais personne n'a le droit de juger ce qu'il n'a pas lu.

Ainsi va la vie, des gens souffrent en silence et subissent le harcèlement imbécile de voyeurs en mal d'informations. D'autres cachent leurs tares en stigmatisant leur haine sur tout ce qui n'est pas dans leurs normes connues.

Mon Dieu, le plus souvent l'apparence déçoit. Il ne faut pas toujours juger sur ce qu'on voit, a dit Molière dans Tartuffe. C'était il y a longtemps et c'est toujours d'actualité.

Un petit village si discret

> Si ceux qui disent du mal de moi savaient exactement ce que je pense d'eux, ils en diraient davantage.
>
> Sacha Guitry

– Vous connaissez Potinbourg ?

– Jamais entendu ce nom. C'est dans le Hainaut ? Ah bon ?

Il était si petit et isolé, ce village de 484 âmes, presque 500 avec les futures naissances, qu'il ne figurait même pas sur les cartes routières. Ce qui, d'ailleurs, arrangeait bien les habitants. Au moins, les « étrangers » ne passaient pas par leur merveilleux coin de verdure et n'avaient pas ainsi l'envie d'y poser leurs valises. C'est vrai quoi, si ce petit coin tranquille devenait un lieu de promenade apprécié, les snobs des villes l'investiraient, s'installeraient, y construiraient de grosses villas bourgeoises et finiraient par s'immiscer dans la gestion du patrimoine culturel, religieux ou politique. Ils recherchent la verdure, les citadins. Ils disent aimer la campagne mais aussitôt installés dans leurs pénates, ils exigeraient que les cloches de l'église arrêtent de carillonner pour des peccadilles, ils réclameraient la tête des coqs qui ont le culot de chanter à pas d'heure quand les honnêtes gens dorment encore. Ils se diraient incommodés par les odeurs de lisier et de fumier émanant de la ferme métairie. Qu'ils restent donc dans la puanteur de leurs villes, les crasses des polluants gazeux des voitures et dans le boucan incessant du trafic routier. Qu'ils laissent peinards, les habitants de Potinbourg le bien nommé. C'est à cela que pensaient, sans honte, les natifs du tranquille petit village qui, à l'instar du village d'Astérix, résistait encore et toujours à l'envahisseur quel qu'il soit : promoteurs immobiliers, famille en quête d'environnement pur ou agents à la recherche d'immenses terrains pour implanter de nouvelles grandes surfaces commerciales.

Les potinbourgeois vivaient en parfaite harmonie entre eux. Enfin, presque. À part les cancans, les jalousies, les médisances, les mesquineries et les blagues à vingt centimes, tout allait bien. Le seul inconvénient, mineur, était l'absence de commerces. Il y avait une école maternelle et primaire qui accueillait des enfants des villages voisins grâce à sa bonne réputation et pour l'environnement exceptionnel. Un seul café pour animer le village. Personne n'aurait eu l'idée ou l'envie d'ouvrir un magasin. Les services à domicile fonctionnaient très bien comme le boulanger, le boucher, le poissonnier, le laitier et le marchand de légumes. Ce dernier passait surtout pour les provisions de pommes de terre car tout le monde avait son coin de potager. Bref, les potinbourgeois se débrouillaient ainsi depuis des siècles. Il y avait aussi des bus et un service de taxi pour les grosses courses mensuelles dans les grandes surfaces commerçantes. L'unique café était tenu par une bistrotière à la langue bien pendue, à la gouaille combative et au sourire inexistant. Elle pouvait se permettre de rabrouer les quelques pensionnés et chômeurs qui lui laissaient journellement une partie de leurs maigres revenus. Il n'y avait pas de concurrence et ils y revenaient, ceux qui avaient pris goût à la bière et aux opinions trempées dans l'acide de la patronne. Elle maniait allégrement la douche écossaise qui mettait ses clients en permanence sur leurs gardes. Elle soufflait le froid et le chaud, ce qui déséquilibrait naturellement les nouveaux arrivants. Elle pouvait tout se permettre. Si, par malheur, quelqu'un osait la contrarier, elle fermait boutique et boudait un certain temps. Les assoiffés en manque de leur bibine rappliquaient aussi sec dès qu'elle rouvrait et reprenaient joyeusement leurs habitudes masochistes. Ils se tiendraient cois jusqu'à la prochaine algarade.

– Le jour où je fermerai, vous pleurerez des larmes de sang, aboyait-elle.

– C'est quand même grâce à notre argent que tu vis…

Le jeunot qui avait osé riposter se retrouva dehors plus vite qu'il ne l'avait pensé.

– Va boire tes chopes ailleurs, mal élevé. Ici, c'est moi la patronne. Si vous buvez, c'est parce que je le veux bien.

Les autres s'en voulaient de n'avoir pas prévenu le petit nouveau. Si tu veux boire à Potinbourg, faut la fermer, mon gars. Ils auraient dû le lui dire. La bistrotière ne vendait pas des boissons, ils payaient pour se distraire en buvant. Nuance. Dans sa grande mansuétude, elle rendait service à la population, c'était à prendre ou à laisser. Boire et se taire ou se taper cinq kilomètres à pieds pour boire ailleurs.

Dans ce village, il n'était pas rare que des jeunes voisins se marient entre eux. Parfois, une jeune fille ramenait un fiancé rencontré lors des études ou des sorties en boîtes. De temps en temps, un jeune potinbourgeois épousait une citadine. Certains s'installaient au village, d'autres partaient à « l'étranger ». Entendez par là, à moins d'une cinquantaine de kilomètres de Potinbourg. Les parents, alors, se gargarisaient de fierté, leur enfant était « monté » en ville comme on monte en grade. Pour ceux qui s'installaient au village, il leur fallait du courage et beaucoup d'amour envers le conjoint pour persister dans l'intégration. Cela ne se faisait pas en un clin d'œil. Il ne suffisait pas d'épouser une potinbourgeoise ou un potinbourgeois pour être automatiquement accepté par le village. « L'étranger » resterait longtemps une pièce rapportée. Ils le lui rappelleraient de temps en temps, en riant, pour plaisanter. Il y aura la période d'essai qui prend du temps, parfois beaucoup de temps. Le nouvel habitant sera observé, jaugé, étudié. Sans s'en apercevoir, il lui sera tendu des pièges innocents, pour son bien et celui de la communauté, pour son avenir dans la vie du village. Il ne devra surtout pas brûler des étapes, plutôt adopter le profil bas, écouter les conseils, participer aux activités sans se mettre trop vite en valeur. Ne devient pas potinbourgeois qui veut. Par contre, lorsque l'heureux élu aura trouvé sa place, il ne le regrettera pas. Il sera dans le comité des parents de l'école, il sera sollicité pour l'association des fêtes. Il pourra, s'il est pratiquant catholique, assister aux réunions des paroissiens et, avec un peu de chance, entrer dans la fabrique d'église.

L'église, en tant que bâtiment, occupait le centre du village. Son clocher illuminé dominait les collines avoisinantes. Les cloches sonnaient lors des fêtes annuelles et des rares mariages. Pas beaucoup d'enterrements non plus, les vieux vivaient longtemps à Potinbourg. Par contre, lorsqu'un ancien avait décidé de tirer sa révérence, deux ou trois copains partaient aussi dans les heures qui suivaient afin, sans doute, qu'il ne soit pas seul à profiter de l'aventure et de la sollicitude villageoise du moment. Car les enterrements potinbourgeois étaient très prisés. C'était l'occasion de se retrouver ensemble avant, pendant et après. Les familles pouvaient compter sur le soutien et l'aide de toutes les femmes de bonne volonté. Pour celles-ci, c'était une aubaine, elles se sentaient utiles, elles seraient occupées pendant plusieurs jours. Chacune avait ses tâches bien définies vis-à-vis des familles, de l'église, du cimetière ou de la salle des fêtes qui servait aussi aux agapes d'après enterrements. C'était tout bon aussi pour les clabaudages. Trois morts d'un coup, ça faisait aussi trois fois plus d'histoires à raconter. Elles y allaient de bon cœur, sans malice, à parler de la vie des disparus et, tant qu'elles y étaient, sur la vie des vivants également.

– Vous croyez que c'est la petite qui va hériter ?

– Elle a tout fait pour ça en tout cas. Après le mal qu'elle s'est donné, ce serait malheureux qu'il l'ait oubliée.

– Ah, ah, ah, il s'est peut-être foutu d'elle. Il en a profité et puis, paf, rien, que dalle, des nèfles.

– À propos, vous savez que la famille Fontois n'a pas prévu de caveau ? Des radins. Avec tout ce qu'ils ont pris au vieux, ils auraient pu lui offrir un caveau.

– Paraît que c'est lui qui a demandé l'incinération.

– Ouais, c'est bien pratique, tiens. Tu as vu des papiers ?

– Non. Toi non plus. Tu ne fais pas partie de la famille alors ne juge pas.

L'hostilité dans la voix perce, celles qui savent ou croient savoir n'aiment pas être contredites. Il y en a toujours qui savent mieux que la famille ce que le défunt voulait ou ne voulait pas.

Pour vivre sereinement dans ce bourg, il ne fallait pas être trop susceptible ni vouloir cacher sa vie privée. C'était très mal vu et pouvait être mal interprété. Le village était une grande famille où l'on partageait tout, surtout les secrets des autres. Et ceux qui n'en racontaient pas, on les inventait pour eux. La troupe des cancanières qui se revendiquaient de tout savoir sur tous partait du principe qu'on ne cache que ce qui est honteux. Pour elles, pudeur, discrétion, réserve, délicatesse, étaient des mots inconnus de leur vocabulaire et, surtout, de leur manière de fonctionner. Dans ce groupe essentiellement composé de femmes entre cinquante et cent ans, il y avait des sous catégories. Les « hypocrites » qui, mine de rien, vous soutiraient des informations. Elles étaient dangereuses car, pas repérables tout de suite.

– Oh ma chère, je ne veux pas me mêler de ce qui ne me regarde pas mais à vous, je peux le dire…

Les « bavardes » qui vous racontaient les détails de leur vie privée et vous incitaient à vous livrer en toute confiance.

Très dangereuses car elles avaient, souvent, un double visage : la mise en confiance et la critique acerbe.

– Il n'y a qu'à vous que je le raconte, j'ai une entière confiance en vous. J'espère que c'est réciproque, ma chère. Comme je l'ai déjà dit à une telle…

Les « plus bêtes que méchantes » qui parlaient à tort et à travers, comme leur bouche était faite selon l'expression consacrée. Celles-là souriaient avec compassion, vous écoutaient religieusement et oubliaient systématiquement vous avoir promis le secret absolu. Les « sournoises », les plus méchantes, qui étaient tellement jalouses et mesquines qu'elles tiraient sur tout ce qui bougeait en-dehors de leur petit univers. Elles étaient aigries et mauvaises au point d'épier derrière leurs rideaux les allées et venues de tout le village. À l'heure où d'autres préparaient le repas, regardaient la télé ou passaient du temps en famille, on pouvait voir leurs rideaux ondoyer au rythme de leur souffle. Elles se reconnaissaient à leur face en museau de fouine et à leur regard inquisiteur qui vous fouillait jusqu'au fond de l'âme. Elles ne cancanaient pas pour le plaisir mais pour faire mal. Vraiment mal. Et puis, il y avait les « curieuses » tout simplement. Sans arrière-pensées, elles vous questionnaient franchement, sans prendre la tangente. Elles vous regardaient, étonnées, surprises, si vous ne leur répondiez pas aussi naturellement. Sans risques. Seulement un peu agaçantes par leur insistance à vouloir vous tirer les vers du nez.

– Je t'assure qu'il vaut mieux que tu te libères, tu te sentiras mieux ensuite.

Enfin, il y avait les joyeuses bonnes copines qui allaient, d'un groupe à l'autre, glaner des informations pour s'amuser franchement des ragots. Celles-là annonçaient la couleur dès le départ. Elles prévenaient leurs potentielles victimes et s'amusaient à leurs dépens comme des collégiennes dans la cour de récréation. Elles étaient les plus sympathiques mais les plus rares aussi. Sans aucune méchanceté, elles se pourléchaient les babines dès qu'un nouveau ragot était lancé. Elles ne se rendaient pas compte du mal que cela pouvait provoquer chez les gens. En toute innocence, elles ne pensaient pas que leurs jeux puissent être dangereux.

Souvent, elles n'y croyaient pas elles-mêmes à leurs ragots mais elles ne pouvaient s'empêcher de les développer. Pour le plaisir. Les malheurs des unes et des autres racontés par ces femmes devenaient cocasses et prenaient une saveur toute particulière. Les tromperies, qui couchait avec qui, les amants abandonnés, les maîtresses délaissées, les gnons envoyés par les maris trompés, les mutations disciplinaires, les magouilles, les faux semblants et les faux culs, tout était sujet à rigolade.

– Tu penses ce que je pense ? dit un jour une de ces amies à sa copine.

– Sûrement, tu les as vus se regarder ? Ou c'est une histoire qui finit ou ça commence. Les regards sont pareils dans les deux cas : timorés, fuyants, nuls.

– Tu paries ? Préviens les autres, je prends les paris. Histoire neuve ou finie.

– Moi, je dirais ni l'une ni l'autre.

– Oh, zut, faut toujours que tu casses l'ambiance.

– Je n'y peux rien, je suis sûre qu'il n'y a rien entre eux.

– Comment le sais-tu ?

– Parce qu'il est avec moi, idiote !

Vrai ou pas, la coquine s'était sauvée dans un grand éclat de rire. Les autres la talonneront pendant des jours et des jours afin de connaître la vérité qui s'avérera finalement être un canular.

Il n'était pas rare que l'une d'entre elles attrape un fou rire en plein enterrement et, forcément, les autres l'accompagnaient. Manque de respect, disaient les esprits chagrins. Joyeux caractères, énonçaient les plus tolérants. Elles aimaient la vie, celle des autres en particulier. Bonnes copines, elles vous tapaient dans le dos en vous sortant des énormités sur la vie du village. Il fallait faire avec. Soit on s'habituait, soit on les évitait. Certains finissaient par les prendre en sympathie et les acceptaient avec leurs qualités et leurs petits travers, d'autres les ignoraient superbement. De toute façon, elles s'en foutaient, comme elles disaient si bien en rigolant.

Les potinbourgeois, moins portés sur les ragots, médisances et autres clabauderies[1], méprisaient soi-disant ce genre d'attitude mais ne se privaient pas pour tendre une oreille attentive. C'était, parfois, plus distrayant que la télévision en hiver. De vrais feuilletons circulaient à la veillée. Tous les endroits du village semblaient propices à ces bavardages indiscrets. À part les enterrements et les mariages, il y avait les bancs sur la place, les rencontres à la sortie des classes ou la tasse de café du matin après avoir déposé les enfants. Un peu de calme, la bonne odeur du café noir corsé et les derniers petits ragots devenaient une pause bienvenue dans une journée pas souvent folichonne. Et allons-y, que la valse des supputations commence. Qui a dansé avec qui, qui s'est éclipsé avec qui, qui regardait trop bizarrement qui…

C'était si bon de comploter, d'imaginer, de manigancer.

– Le jour où elle va s'apercevoir qu'elle ne passe plus les portes à cause de ses cornes, elle est capable de le tuer.

– Qui va le lui dire ?

– Personne, t'es folle. Tu veux un massacre dans le village ?

– Oh oui, miam, miam. On va se régaler.

– Allons, allons, soyons bonnes copines, taisons-nous, ce sera une bonne action.

Malheureusement, les victimes souffraient en silence, se cachaient pour ne pas laisser entrevoir leur malaise.

1 Clabauder : médire.

Certaines rumeurs pouvaient démolir un couple, ternir la réputation d'une personne ou déstabiliser les plus faibles. La rumeur pouvait tuer, c'est bien connu. Tous les potinbourgeois n'étaient pas armés au point de laisser couler les ragots dans un semblant d'indifférence. Certains s'en moquaient comme de leur première culotte, tandis que d'autres en rigolaient et en remettaient une couche afin d'alimenter les bavardages mais il y avait aussi ceux qui supportaient mal les ingérences dans leur vie privée. Le propre des cancanières est de se focaliser sur une victime durant un certain temps pour ensuite l'abandonner dès qu'un meilleur sujet se présente. Leur intérêt s'épuise si la personne visée ne relance pas le débat. Les mères Jacasses finissent par se lasser si elles sont ignorées. Avec elles, la meilleure défense n'est pas l'attaque. Au contraire, elles pourraient, lors d'une attaque, se transformer de gentilles cancanières en vilaines calomniatrices. Une des habitantes l'avait très bien compris. Depuis son enfance, elle connaissait tous les trucs et astuces des villageoises, elle savait ce qui se disait, elle vivait dans cette ambiance et n'en connaissait pas d'autres. Elle était équipée pour faire face et ne donnait pas sa part aux autres pour renvoyer la balle dans le camp adverse. Il faut dire aussi que son mode de vie, pas dans la norme de Potinbourg, à défaut de déranger intriguait. Elle élevait, seule, deux enfants. Ils n'étaient pas nés de l'inspiration du Saint Esprit, elle avait été mariée le temps de fabriquer deux enfants et avait donné son congé au mari devenu inutile et encombrant. Elle voulait des enfants et pas de mari, c'était son droit, c'était sa vie. C'était sans compter sur les potinbourgeoises plus âgées qui trouvaient cette fille du village trop libre. Une femme seule, c'est forcément une tentatrice, une briseuse de ménages.

– Elle ne sait pas garder un homme chez elle alors elle reluque celui des autres.

Elles la considéraient comme une femme de mauvaise vie. Vivre sans mari, aller aux fêtes, s'amuser et rire, ce n'était pas normal, « ça ne se faisait pas ». Ainsi, cette vieille retraitée de l'enseignement, surnommée Sainte Vipérine par la moitié du village tant sa méchanceté était sans limite, et qui avait un jour de kermesse décrété que « tous les hommes du village étaient passés par le lit de cette dévergondée » en parlant de la femme seule. Celle-ci avait un prénom et un nom, bien sûr, mais son genre de vie avait inspiré cette expression qui lui était restée. Certains l'appelaient aussi « la fille aux pieds nus » en référence à sa jeunesse où elle courait la campagne les pieds nus. Elle en avait d'ailleurs gardé l'habitude, été comme hiver, gel, pluie, neige ou soleil, elle se déplaçait pieds nus dans ses chaussures. Lorsque, gênées, des amies lui avaient rapporté la réflexion méprisante de l'acariâtre vieille institutrice, la femme seule avait éclaté d'un rire moqueur. « On ne prête qu'aux riches » avait-elle répondu en souriant. Cette ancienne enseignante avait terrorisé des dizaines d'enfants pendant sa courte carrière au village et, à sa demande, elle avait été mutée dans une grande école où elle ne côtoierait plus ces « barakis », terme qui, dans sa bouche dédaigneuse, désignait les enfants d'ouvriers, de chômeurs et d'étrangers. Son visage couperosé s'enflammait à la moindre contrariété et jurait avec ses frisettes bleutées. Nul ne l'avait oubliée ni regrettée. Mimie, la femme seule, continuait son chemin de vie avec plus ou moins de bonheur et d'aléas, comme toutes les mamans du monde.

À Potinbourg, les saisons défilaient en amenant leurs lots de récoltes, de fêtes, de naissances, de mariages et d'enterrements. Parfois, un événement venait, heureusement, troubler le train-train du quotidien. Alors, qu'il pleuve ou qu'il vente, les cancanières repartaient à la chasse aux ragots. Telles des abeilles butineuses, elles ramenaient leur récolte chez l'une ou l'autre afin de l'analyser, de la disséquer et de la partager. Mais tout n'était pas que clabaudage et compagnie dans le village. Il y avait aussi des familles vivant sans s'occuper de la vie des autres habitants. Il y avait des couples discrets qui ne demandaient qu'à vivre dans une bonne entente sans pour cela être sans cesse l'un chez l'autre, sans « hanter » les voisins comme disaient les anciens. Comme partout, Potinbourg réunissait en son sein un échantillonnage de tous les produits humains de la société. Cela allait de l'autodidacte à l'universitaire en passant par l'employé ou la vendeuse, des plus humbles aux plus arrogants, de ceux qui se croyaient au-dessus des autres à ceux qui ne se prenaient pas le melon. Il y avait ceux qui ne savaient pas grand-chose et donnaient des leçons. Il y avait les complexés qui achetaient des grosses voitures pour compenser leur manque de virilité ou leur manque d'autorité. Il y avait les pauvres qui ne le montraient pas et les riches qui le montraient. Il y avait les misogynes qui envoyaient leur femme à la cuisine dès qu'elle osait « moufter », c'est-à-dire montrer une intelligente revendication vis-à-vis du mâle qui, par principe, devait être supérieur en tout.

– Femme, occupez-vous de votre ménage et laissez les hommes discuter entre eux, ce n'est pas votre place.

– Vous feriez mieux de vaquer à vos occupations de femmes, laissez les hommes s'occuper des choses sérieuses.

– Le premier devoir d'une femme est d'être jolie, le deuxième de bien faire la cuisine et le troisième de ne jamais me contredire.

Les rires gras, imbéciles et stupides accompagnaient ces tirades.

– Hé, hé, j'en ai une autre. La femme ne voit jamais ce que l'on fait pour elle, elle ne voit que ce qu'on ne fait pas.

– Les hommes, en général, ressemblent aux chiens qui hurlent quand ils entendent d'autres chiens hurler. Et moi, je peux citer mes sources, c'est une citation de Voltaire. Comme vous êtes intelligents, vous devinerez que je ne parle pas de votre fauteuil. N'est ce pas les malins ?

La voix moqueuse de Mimie, la femme seule, celle qui osait défier les hommes, les avait surpris sur un banc. Leur mépris pour les femmes n'avait d'égale que leur bêtise, aux yeux de Mimie et de ses amies pour qui les misogynes étaient de tristes sires.

Ceux-là mériteraient un chapitre à eux seuls tant ils étaient comiques dans leur bête opinion des femmes. Opinion obsolète depuis plus de cinquante ans mais qui les arrangeait bien pour leur confort et la haute opinion qu'ils avaient d'eux-mêmes. À mettre dans le même sac que les machos. Ceux-là, vous ne les verrez jamais porter un sac à provisions ni entrer dans un commerce, ils se sentiraient atteints dans leur virilité. Ils se font servir par leur femme en trouvant cela normal. Ils sont capables de réclamer du lait ou du sucre qui se trouve sur la table à quelques centimètres de leur nez, à portée de leur main. La femme se lèvera dix fois de table pendant le repas pour satisfaire leur pacha chéri. Ils tomberaient des nues, en toute sincérité, si vous le leur faites remarquer. Leurs parents ayant vécu en bonne entente dans cette forme de pouvoir non partagé, pourquoi vouloir changer leurs bonnes habitudes ? Les pires sont ceux qui ne se contentent pas d'humilier leur épouse chez eux mais essaient aussi en public avec d'autres femmes. Ils doivent avoir un fameux contentieux à régler avec eux-mêmes et leurs complexes de petit garçon. C'est dans cet état d'esprit d'ouverture que Mimie avait éduqué ses enfants. Un garçon devait pouvoir s'atteler aux tâches ménagères et une fille aux bricolages et au jardinage. Il n'y avait pas de raisons pour que les deux sexes ne sachent pas mettre la main à la pâte dans tous les domaines. Elle avait, bien entendu, reçu des critiques de la part des obtus de son entourage familial et amical.

– Elle les élève comme des sauvages !

– Elle va en faire un pédé !

Les plus âgées pensant avoir la science infuse grâce à leur longue expérience de la vie, psychanalisotaient à tout va.

Sur l'air du « ça ne se fait pas », les anciennes du village édictaient les lois du savoir vivre datant de Mathusalem.

Leur pudibonderie n'avait pour objet que la mise en évidence des mauvais penchants de la jeunesse actuelle.

– Il n'y a plus de bonnes ménagères, elles s'occupent plus de leur coiffure et de leur maquillage que de leur maison. Et vous vous étonnez qu'il y a plus de divorces ? De notre temps, une femme n'aurait jamais tenu tête à son mari.

– Nous, nous étions plus malignes, n'est ce pas ? On les manipulait en douceur, ils croyaient être les maîtres mais nous arrivions à nos fins. Je trouve que nous étions plus intelligentes, plus fines et plus féminines que ces femmes qui se disent les égales des hommes.

Dans beaucoup de ménages de Potinbourg, l'ingérence des hommes dans la conduite du ménage n'était pas à l'ordre du jour, loin de là. Pour ces femmes, leur domaine, qui allait des tâches ménagères aux courses en passant par le budget, leur servait de pouvoir. Elles se sentaient les maîtresses incontestées de la maison. Pas question de se sentir des humbles servantes ni des bonniches, elles menaient leur maison comme un capitaine son bateau. Oui, elles servaient leur mari. Oui, elles étaient à sa disposition mais quand elles le décidaient. Elles n'en faisaient qu'à leur tête quoi qu'en pense celui qui se sentait le Maître.

* * *

– Chez eux, ma pauvre, c'est le brol, mais un brol, pouvez pas savoir !

– Ah bon, vous êtes rentrée chez eux ?

– Non, mais ils habitent en face de chez moi. Sans le vouloir, vous savez que je ne suis pas curieuse. Par hasard donc, j'ai vu dans le couloir d'entrée. Il y avait de tout, un vélo, des chaussures, des sacs. Un chat n'y aurait pas retrouvé ses jeunes. Mon Dieu, comment peut-on vivre dans la crasse sans nettoyer un minimum ! Quand on voit leur façade, on a tout compris.

– Qui vous dit qu'elle ne nettoie pas ?

– Z'avez vu sa façade ? Je ne la vois jamais nettoyer son trottoir ni enlever ses rideaux.

– Pourtant les rideaux sont nets, la façade est propre, vous ne croyez pas que vous exagérez ? Cette femme travaille, elle s'occupe de son ménage quand elle peut. Tout le monde ne nettoie pas en pleine journée au vu et au su de toutes les voisines afin de montrer qu'on est propre.

La voisine de la médisante ne pouvait pas se taire face à une telle injustice. Ce n'était pas la première fois ni la dernière que cette villageoise à la septantaine plus qu'avancée se permettait des jugements hâtifs sur la famille installée depuis deux ans en face de chez elle. Au départ, elle les avait jugés sur leurs mines trop bronzées à son goût.

– À leurs têtes, on ne peut pas dire qu'ils sont belges, hein ?

– Mais si, ils sont belges, autant que vous d'ailleurs.

Ils étaient devenus, au fil du temps, le sujet préféré de Madame Pipelette, surnommée ainsi par quelques jeunes voisines qui avaient découvert son manège derrière ses rideaux et s'en amusaient entre elles. Elle s'installait, tous les jours à la même heure, derrière son rideau, et pensait que personne ne le savait. Elle épiait ce qui se passait dans son angle de vue. Si un camion s'arrêtait, elle observait ce qui en sortait. Si une voisine sortait ses seaux, elle examinait la consommation d'eau, trop ou trop peu dénotait un gaspillage ou une paresse pour le nettoyage. Elle aurait pu vous énumérer les entrées et sorties des voitures des garages. D'ailleurs, des voisines la soupçonnaient de prendre des notes, d'être à l'affût des moindres mouvements de la rue. Fallait qu'elle s'ennuie, la pauvre, pour préférer se geler dans « sa pièce de devant » plutôt que devant sa télévision. Ensuite, elle téléphonait à ses copines pour raconter, avec un air mystérieux, ce qu'elle avait vu. Elle parlait à mi-voix comme si on pouvait l'écouter à travers les murs, elle critiquait tout et n'importe quoi. C'est ce que s'imaginaient les cancanières en la singeant.

– J'ai parfois envie de lui mettre son nez dans son caca, à cette vieille chouette, soufflait rageusement une des copines du couple d'en face.

– Bah, souriait le mari peu enclin aux commérages, elle doit être seule et malheureuse. « Ce n'est pas en regardant dans l'assiette du voisin que l'on mange le mieux. »

– Ah, c'est bien dit. J'irais bien lui écrire cela sous sa porte.

Finalement, la meilleure tactique était encore d'ignorer ces regards indiscrets et de redoubler de politesse envers elle. L'amie de la voisine, piquante sur les bords, ne pouvait s'empêcher de saluer en passant devant la fenêtre pour faire comprendre à l'indiscrète qu'elle était démasquée. Petits jeux innocents et pervers dans un village au charme discret.

* * *

Les maisons n'ont pas de souvenirs, ce sont les gens qui ont des souvenirs. Et les gens du village ne se privaient pas de ramener sur le tapis quelques souvenirs que d'autres préféraient oublier. Il y avait le cimetière pour ces choses-là, les morts se taisaient et gardaient leurs secrets. Secrets qui n'étaient pas vraiment dévoilés, tout se passait en sous-entendus. Des phrases chocs, des phrases en forme de citations, des dictons, des maximes et des adages.

– S'il faut attendre les souliers d'un mort pour vivre, c'est bien malheureux.

– Quand les souris sont dans les armoires, l'amour fout le camp.

– Quand on vit dans une maison de verre, il ne faut pas prendre sa douche sans tirer les rideaux.

– Ce qui est important dans le vase, c'est le vide qui est au milieu.

Il y en avait des plus méchantes, des plus explicites, de celles qui visaient et faisaient mouche à tous les coups.

Ceux qui ne voulaient pas entendre, levaient les épaules en signe de désintérêt.

La plus vilaine avait été lâchée, dans l'église lors d'un mariage, par Sainte Vipérine, bien sûr.

– Juliette se marie avec ce type ? C'est comme donner des perles à un cochon.

Des exclamations choquées, des « chut », des murmures désapprobateurs prouvaient à la méchante femme qu'elle était seule face à sa remarque cruelle qu'elle pensait, sans doute, originale. Elle était bien la seule à le penser. Il n'était pas un premier prix de beauté ni musclé, et alors ? Si sa fiancée l'aimait ? Il n'était pas fortuné non plus, et alors ? Il travaillait, aimait sa femme et la rendrait heureuse. De quoi elle se mêlait, l'autre vilaine. C'était vraiment de la méchanceté gratuite de se moquer du physique des gens. On est responsable de la tête qu'on fait, pas de celle qu'on a. Elle devrait méditer là-dessus pour son propre compte, la sorcière du village, pensaient les Joyeuses Copines qui ne riaient plus.

De temps en temps, un secret refaisait surface, on ne savait pas pourquoi. Soit, un héritier de la famille qui cherchait la vérité, soit un fait-divers qui rappelait le secret, soit la personne elle-même qui souhaitait s'alléger d'un poids. Cela allait du faux mariage à un viol en passant par une mort suspecte ou des vols et captations d'héritages. Les rancunes, aussi, étaient tenaces. Elles pouvaient ressortir après plusieurs générations. Ainsi, ces deux voisins qui s'étaient tirés dessus parce que la grand-mère de l'un avait acheté à bas prix un bout de terrain du grand-père de l'autre. Et ces frères et sœurs qui ne s'adressaient plus la parole depuis la mort des parents et le partage des biens. Et cette famille qui ne pardonnait pas à une autre famille d'avoir surenchéri sur l'achat d'une fermette. Eh oui, la vie d'un paisible petit village couve souvent des cendres pas éteintes. Le feu peut reprendre à tout moment.

* * *

Parmi les habitants du village, quelques couples étaient devenus amis et se fréquentaient régulièrement. Ce groupe participait rarement à la vie de Potinbourg. Ils y vivaient, certes, mais ils travaillaient à Bruxelles, Nivelles ou Court-St-Etienne. Leurs loisirs se déroulaient à l'extérieur du village. Ils partaient en vacances deux ou trois fois par an, aimaient la bonne chère et le vin, leurs enfants fréquentaient les salles de sport de la ville voisine. Ils organisaient, entre eux, des barbecues et des fêtes familiales. Parfois, ils arrivaient, en groupe d'une quinzaine, à la kermesse villageoise et restaient entre eux. Les potinbourgeoises les observaient en coin, chuchotaient mais n'auraient jamais osé émettre une critique ou un jugement sur eux. Ils en imposaient aux villageois malgré des réticences dues à la jalousie ou au fait de n'avoir rien à raconter sur eux. Ce cercle de couples apparemment aisés, à l'éducation élégante, au langage châtié intriguait le village et ses cancanières.

Ils étaient, de par leur manière d'être, respectés par l'ensemble de la population. Leur vie semblait claire comme de l'eau de source. Rien de négatif ne transparaissait dans la vie de tous les jours. Les enfants, petits, étaient scolarisés à l'école du village, les parents assistaient aux fêtes scolaires sans s'impliquer plus. Les adolescents se retrouvaient dans des internats puis dans des universités. Rien ne semblait pouvoir séparer la belle amitié qui unissait ces quatre couples. Ils dépareillaient un peu au milieu de la simplicité villageoise. Non pas qu'ils « se la pétaient » comme disait la bande de jeunes, ils se distinguaient plus par leur discrétion, leurs manières délicates et leurs vêtements chics. Les enfants étaient habillés avec classe mais sans ostentation, on sentait le vêtement solide et de marque. Sous-vêtements « Petits Bateaux », vêtements « Tartine au chocolat », « Charlotte aux fraises » ou « Boutique Juniors », cartables « Chipies ou Diddle ». Ces gens ne méprisaient nullement les villageois, au contraire. Par contre, ils se protégeaient des ragots en ne fréquentant pas de trop près les potinbourgeoises. Ainsi, tous se croisaient en bonne entente depuis une dizaine d'années. Parfois, ils engageaient l'un ou l'autre villageois pour des petits travaux de bricolage, pour tondre les pelouses ou pour bêcher les jardins. Une bière en apéritif, une enveloppe et quelques mots sur la météo, c'était tout ce que les villageois pouvaient tirer d'eux. Rien à raconter. Les clabaudeuses qui se trouvaient en manque de sujets propres à déblatérer, soupiraient comme des âmes en peine. L'envie de vivre comme eux taraudait des jeunes femmes avides de sortir de leur condition, de s'habiller chez Nitya ou Sergio Tacchini, d'acheter un sac chez Delvaux. Pas besoin de la griffe Dior ou Lacroix, simplement des marques qui permettaient de s'habiller et d'avoir de l'allure. Imperceptiblement, on sentait que, chez ces gens-là, c'était inné, sûrement dû à une éducation transmise depuis plusieurs générations. Comme ils travaillaient du côté de Bruxelles et Nivelles, ils y trouvaient des boutiques avec des accessoires qui leur donnaient une élégance certaine.

– Vous savez qu'ils achètent des gâteaux chez un fournisseur de la cour ?

– Comment sais-tu cela ? Ils t'ont invité, ah, ah, ah.

– Non, en ramassant les cartons et les journaux, jeudi matin, j'ai vu un carton à gâteaux « La Maison Wittamer, fournisseur breveté de la cour » et il y avait une couronne dessinée dessus.

– Mazette, ce n'est pas n'importe quoi, c'est au Grand Sablon à Bruxelles.

Le respect s'imposait. Des gens qui mangeaient comme des princes, qui vivaient simplement dans leur village sans se faire remarquer, c'était exceptionnel et les ragots minables ne faisaient pas le poids devant ces gens si corrects et intelligents. Des modèles pour les gens du village.

S'ils savaient, les villageois ! Il y avait matière à raconter pendant au moins un an de veillées. Ces couples parfaits cachaient qui, un alcoolisme profond, qui, une déviance sexuelle, qui, une maltraitance morale ou encore une façade ne correspondant pas du tout à la réalité. Comme ce gentil instituteur qui enseignait dans une ville voisine et emmenait ses élèves préférés en vacances avec sa famille, surtout les plus démunis, et qui pratiquait des attouchements à la limite du viol. Les parents étaient si fiers que le « Maître » ait jeté son dévolu sur leur enfant qu'ils ne se posaient pas de questions. Sa femme le savait et elle avait choisi de se taire en essayant de limiter les dégâts, pensait-elle. Disons, plutôt pour mettre sa conscience à l'aise.

L'alcoolisme dit « mondain » avait fini par détériorer un de ces couples. La façade restait intacte mais l'intérieur se lézardait cruellement. Leur image risquait un jour d'être confondue, le masque devrait alors tomber et les ragots iraient bon train. Tant bien que mal, ils arrivaient encore à donner le change dans Potinbourg mais pas au niveau de la famille et des amis. Ils seraient à plaindre s'ils ne se conduisaient pas comme d'arrogants donneurs de leçons. Lui, le regard méprisant, se donnait des airs de redresseur de torts. Il était imbu de sa personne. Procédurier, il avait des opinions tranchées et n'admettait pas la controverse chez les autres comme chez ses enfants. Sa femme, apparemment soumise, s'était-elle noyée dans l'alcool pour oublier ses déboires ou ses erreurs ? Tout était possible.

– Ils sont gentils mais trop fiers quand même, entendait-on sur les bancs.

– Moi, je ne trouve pas. Ils tiennent leur rang, c'est normal.

– Leur rang, leur rang, et quoi encore ? T'as un rang toi ? Moi, depuis l'école primaire, les rangs, connais plus !

– Vous savez, toute cette bande de bourgeois, ils ne me dérangent pas tant qu'ils ne se mêlent pas des affaires de notre village. Ils vivent chez nous parce que nous les tolérons. Je vois ainsi leur situation. Chacun chez soi et les vaches seront bien gardées.

– Ma femme m'a dit que…

– Ta femme et sa bande de commères feraient bien de se taire, ces gens-là ne sont pas du genre à avoir des cadavres sur la conscience. Ce n'est pas comme ces « bougnouls » qu'on voit arriver aux kermesses.

– C'est un délit de sale gueule, ça, mon vieux.

– Je n'ai jamais dit qu'ils avaient une sale gueule.

– C'est une expression. Si tu juges une personne en fonction de son apparence, cela s'appelle « un délit de sale gueule ».

Les clichés ont la vie dure. Dans les années soixante, ceux qui portaient un blouson en cuir étaient considérés comme des bandits. L'expression « blousons noirs » traduisaient un sentiment de peur vis-à-vis de ces jeunes adolescents qui se cherchaient comme leurs parents l'avaient fait avant eux du temps de leur jeunesse mais d'une autre manière. Les arabes, les noirs, tous les étrangers provoquent des réactions négatives au départ. Pourquoi ? Par peur de l'inconnu, de ce que nous ne connaissons pas. Lorsque les premiers italiens sont arrivés chez nous, ils ont été tenus à l'écart, les enfants se moquaient des « macaronis » tandis que les autres ripostaient par des « mangeurs de patates ». Lorsque vous dites à un africain que les noirs ont une odeur particulière, il vous répond que les blancs ont une odeur de cadavre. Cela fait réfléchir, vous ne trouvez pas ?

Les plus tolérantes du village essayaient de convaincre les autres. La majorité de la population du village semblait satisfaite de son sort, cela ne pouvait donc pas être de la jalousie. Un chouia d'envie, peut-être, mais sans plus. Alors, pourquoi ces conversations, cette manière de comploter contre ceux qui ne vivaient pas comme eux ? Dans toutes les couches de la société, on retrouve les mêmes individus. Il y a ceux qui traversent la vie sans encombres, menant une existence normale parsemée de petits bonheurs au quotidien. D'autres mènent une lutte de tous les jours, vivant des moments difficiles à répétition. Potinbourg, comme partout ailleurs, vivait des joies, des bonheurs et des malheurs.

Pas de vrais grands drames qui font la « une » des journaux, heureusement, pensaient les habitants de Potinbourg.

Jusqu'à ce jour de septembre, juste avant la rentrée des classes.

* * *

L'air ambiant aurait dû être joyeux en cette rentrée des classes. Les enfants couraient en pépiant vers l'école. Un embouteillage de voitures mal garées ou en attente de stationnement donnait à l'école un air de fête. Chaque rentrée ressemblait à un marché grouillant où chacun retrouvait ses marques et ses copains. Les enfants, heureux, partaient dans la cour de récréation afin de partager la découverte du nouveau matériel ou les souvenirs de vacances. Les potinbourgeoises reprenaient aussi leurs habitudes de parlottes et de cancans autour d'une tasse de café fort.

Mais cette année, la rentrée des classes ne se passait pas comme d'habitude. Pas de cris de joie, plutôt des chuchotements et des regards en coin. Les enfants sentaient, instinctivement, que leurs parents avaient des choses graves à se dire.

Les portières des voitures restaient grandes ouvertes, les adultes formaient de petits groupes et parlaient bas. Les enseignants se tenaient en rond, serrés entre eux sans s'occuper des enfants. Ils chuchotaient aussi et impressionnaient les élèves par leur attitude réservée. Des mots, des phrases s'envolaient et s'entrechoquaient dans l'air parfumé de cette fin d'été : banqueroute, trahison, voleur, folie des grandeurs, suicide, grand malheur pour la famille.

Le journal « La Nouvelle Gazette » circulait de mains en mains. La « une » affichait la photo d'un homme élégant, dans la quarantaine, le sourire satisfait et le regard clair. Le bruit qui courait depuis quelques jours dans les travées de l'église, sur les bancs de la place et dans les cuisines parfumées, devenait réalité. Vendredi, quelques villageois avaient remarqué un va et vient autour de la villa du couple Faulez mais comme ils organisaient souvent des barbecues avec leurs couples d'amis, cela n'avait étonné personne même quand une voiture de police s'était arrêtée suivie d'une ambulance.

– Quelqu'un a déposé plainte pour tapage nocturne.

– Il y en a un qui a fait une crise d'éthylisme.

– Peut-être qu'ils se sont battus.

– Meuh non, ces gens-là sont bien éduqués, ils ne se battent pas comme des chiffonniers.

– Qu'en savez-vous ? Ils ont leur caractère. L'argent ne fait pas devenir les gens meilleurs. On peut vivre dans l'opulence et avoir un sale caractère. Ils sont friqués mais cela ne leur donne pas la canonisation.

En ce lundi matin, le village savait. « Il » avait détourné, à son profit, l'argent de son agence de banque. « Il » avait dilapidé l'argent des petits épargnants dont une quinzaine habitaient le village de Potinbourg. L'histoire aurait pu faire rire les jaloux qui n'avaient pas d'argent à épargner s'il n'y avait cette horreur : « Il » s'était suicidé dans la nuit de vendredi à samedi en se tirant une balle dans la bouche avec son fusil de chasse. « Il », c'était Monsieur Faulez, habitant Potinbourg, l'un des maris du cercle d'amis nantis et directeur d'une agence de banque. Il n'en fallait pas plus pour que les clans se forment dans le village. Les « pour » et les « contre ».

– Je le savais qu'il ne fallait pas leur faire confiance.

– Il ne faut pas les mettre tous dans le même sac.

– Je comprends, maintenant, comment ils pouvaient vivre aussi richement et toutes les tournées générales qu'il nous offrait si généreusement.

Les cancanières avaient, enfin, trouvé un sujet à la hauteur de leurs ambitions. Petit bémol, elles râlaient de n'avoir pas découvert ce secret avant tout le monde.

– Et cette femme qui nous regardait du haut de sa décapotable avec sa mini jupe et ses bijoux. On sait, à présent, avec quel argent elle achetait tout son tralala.

– Toute cette bande de snobinards, ils doivent être morfondus avec cette affaire, ça ne va pas arranger leur réputation.

– N'exagère pas. Ils ont toujours été corrects. Ils ne vivent pas comme nous mais qu'est ce que ça peut nous faire ?

– Elle a raison dans un sens mais si ces gens ne s'étaient pas vus au-dessus de nous, on ne parlerait pas ainsi. Ils sont quand même un peu arrogants, vous ne trouvez pas ?

– C'est vrai. Ce sont des intellectuels, ils travaillent dans des cabinets ministériels. Ils sont eux-mêmes des notables dans leur genre. Mais ce n'est pas une raison pour prendre des airs arrogants avec les gens du village. Ils nous jaugent mais que sont-ils ? Pour moi, ce sont des complexés qui vivent au-dessus de leurs moyens, dans l'ombre des personnalités connues en espérant que leur notoriété retombera un jour sur eux.

– Bien dit ! Ceux qui partent en vacances avec leur patron ne sont finalement que des bonniches qui gardent l'appartement propre comme des concierges et les enfants comme des nurses mais font croire que l'appartement leur appartient.

– Chacun vit sa vie comme il veut, les filles, nous n'avons pas à juger, surtout aujourd'hui.

– D'accord mais nous ne parlerions pas ainsi s'ils ne s'étaient pas conduits en conquérants vis-à-vis des gens du village. Ils éduquent leurs enfants dans la conscience d'être au-dessus de la masse, ils ont réussi à ce qu'on leur donne du « Madame » et du « Monsieur ». Pourquoi nous tutoient-ils en nous appelant par notre prénom tandis que nous, nous les vouvoyons. Cela me donne l'impression d'être leur servante.

– Moi, je pense que des gens comme eux sont plutôt des complexés et, en nous tutoyant, ils se donnent l'impression d'avoir une certaine supériorité sur nous.

– Mon Dieu, je pense à ces pauvres enfants.

– Pauvres ? C'est avec l'argent de gens comme nous qu'ils ont largement vécu jusqu'à présent. Tes enfants ne vont pas chaque année aux sports d'hiver ou aux îles Canaries.

– Ces enfants n'y peuvent rien, la femme non plus.

– Hé, ho, tu crois qu'elle ne s'est jamais demandé comment son mari avait autant d'argent !

– En attendant, je voudrais être une petite souris pour savoir ce qu'en pensent leurs amis si proches, avec qui ils partageaient leurs loisirs du week-end. Je parie qu'ils lui ont donné leurs sous à placer. Ah, ah, ah, je rigole quand je pense qu'ils festoyaient ensemble, qu'il leur offrait des beaux cadeaux avec leur argent détourné.

Le groupe s'esclaffe mais le cœur n'y est pas, il y a mort d'homme quand même.

Plus loin, deux conductrices discutent, portières ouvertes. Elles chuchotent, les traits défaits. Elles savent depuis samedi, depuis que leur amie a téléphoné en larmes. Elles ont proposé leurs services pour les enfants mais les grands-parents sont venus les chercher. À quatorze et dix ans, ils ont compris la mort de leur père mais pas encore la cause. Le groupe d'amis se sent solidaire. Si Yves a commis un grave délit, il restera quand même leur ami après la mort. C'est cela aussi la véritable amitié, accepter l'autre avec ses faiblesses. L'homme est faible par nature et le pardon amical existe chez les êtres tolérants. Le plus difficile à accepter, c'est le suicide. C'est de la lâcheté que de partir en laissant tous les problèmes sur le dos de sa femme et de ses enfants. Il aurait dû assumer, réparer et Annie, sa femme, lui aurait peut-être pardonné. Ou pas. Mais pour les enfants, il n'aurait pas dû partir lâchement en se tirant une balle de fusil de chasse dans la bouche. Ils ne l'ont pas vu mais ils ont quand même entendu la déflagration.

Les Potinbourgeoises ne raisonnaient pas ainsi, naturellement.

– Oh, la pauvre, s'était exclamée la plus sensible. Aussitôt, un tollé général s'était abattu sur elle.

– La « pauvre » avait vécu au-dessus de ses moyens, consciente ou pas de ce que faisait son mari, elle en avait bien profité. Et qui vous dit que ce n'était pas à cause d'elle, de ses dépenses, qu'il en était arrivé là ?

Elle était la plus distante et la plus prétentieuse du groupe. Lorsqu'elle était invitée, si le dessert ne venait pas d'une grande maison de fournisseur royal, elle lui trouvait un drôle de petit goût. La nourriture venant des supermarchés dits bas de gamme, pour elle, n'avait aucune saveur. Les vêtements ne portant pas une marque renommée étaient automatiquement de piètre qualité. Bref, la petite fille de belges moyens s'était transformée en femme exigeante et dépensière. Elle n'avait pas épousé un banquier pour rien. Il ne fallait pas s'étonner que les villageois n'aient pas beaucoup de compassion pour elle.

– Je n'arrive pas à comprendre, soupire une des amies du couple. Nous n'avons rien deviné, rien vu. Il cachait bien son jeu. Et elle ? Le savait-elle ?

– À mon avis, répondit sa compagne, il a fait cela pour gâter sa famille en pensant, chaque mois, pouvoir rembourser et il s'est enfoncé.

Le village de Potinbourg était en effervescence. Ils étaient servis, les villageois. Eux qui voulaient vivre dans la tranquillité et la discrétion, c'était réussi. Celle qui se réjouissait le plus de ce drame, c'était la bistrotière. Elle s'était retrouvée en rupture de stocks de bières. Les journalistes avaient installé leur quartier général chez elle. Ils ont vite compris l'intérêt qu'il y avait à copiner avec cette virago devenue agnelle afin de remplir son escarcelle.

Chacun y trouvait son compte, même les habitués qui n'étaient plus rabroués par la patronne et se faisaient offrir des tournées par la presse.

Le village était envahi par les télévisions et les journaux du pays. Une télévision française avait fait le déplacement car l'agence dépendait d'une banque française et se situait à la frontière du côté de Grand-Reng, dans l'entité d'Erquelinnes.

Yves Faulez dirigeait cette succursale française depuis une dizaine d'années. L'enquête déterminera depuis combien de temps il détournait l'argent des clients.

C'est par les journaux que les potinbourgeois découvrirent l'ampleur de l'affaire.

Des millions d'euros détournés pour son profit personnel. Il avait aussi la confiance de quinze ménages de Potinbourg, il s'occupait de leurs comptes et ramenait leur courrier ainsi que l'argent demandé. Il était si serviable. Certains retraités lui avaient acheté des actions fictives.

À la fin de la journée, la Belgique découvrait l'agence de banque mais aussi un petit village totalement inconnu. Certains habitants sont apparus sans déplaisir au journal télévisé. Dans Potinbourg, la rumeur s'amplifiait. On ajoutait des détails, on se bousculait pour raconter des anecdotes aux journalistes, on leur proposait un lit ou carrément une chambre. Les supputations allaient bon train sur les détails de la mort, sur les éventuels remboursements, mais aussi et surtout, sur les noms des habitants ayant donné leur argent et leur confiance à cet escroc.

Très peu osaient avouer s'être fait avoir. Ceux qui avaient ouvert un compte n'auraient pas de problèmes mais ceux qui avaient acheté des actions s'étaient faits rouler dans la farine. Ils clabaudaient ferme sur les bancs de la place.

– Quand je pense qu'ils m'impressionnaient tous avec leurs fringues, leurs voitures et leur langage avec la bouche en cul de poule !

– C'est pas avec ce scandale que Potinbourg passera inaperçu ! Charles dit « Charlot » a lâché la phrase qui résume l'ambiance générale. Les villageois sont plus inquiets de l'image donnée au village avec ce drame que pour cette famille qui les a snobés pendant des années.

Assises sur les bancs de la place, les aïeules de Potinbourg échangent leurs impressions sur « l'affaire », résumée en un dicton de circonstance.

– La roue tourne, m'fille.

Durant les jours qui suivirent, quelques maisons de Potinbourg restèrent closes. Les médias avaient quitté le terrain depuis un bon bout de temps. Malgré tout, des villageois se terraient encore en léchant leurs plaies d'amour-propre et financières. Cette banqueroute leur coûtait leurs économies et, en plus, ils étaient la risée du village. Pourtant, ils étaient plus à plaindre qu'autre chose, c'étaient des victimes, quand même. Mais voilà, des jaloux, il y en avait partout. Découvrir que le voisin avait acheté des actions sans vous avertir, cela ne faisait pas plaisir. C'était donc humain de panser sa rancune par une bonne rigolade.

Il y avait l'enquête administrative et judiciaire qui prendrait beaucoup de temps. Mais il fallait compter aussi sur une enquête officieuse, celle menée tambour battant par les cancanières. Elles avaient, enfin, un gros, très gros, os à ronger. La meute s'était jetée dessus avec un appétit décuplé par le manque d'informations. Quel pari se sont-elles lancé ? Pardi, retrouver les gens qui se sont fait « niquer » leur argent, dixit Brigitte. Qui dans le village avait changé ses habitudes ? Qui se cachait ? Qui se faisait minuscule et ne parlait plus ? Qui ne se montrait plus aux messes et aux fêtes ? Qui ? Sainte Vipérine en personne !

La roue tourne, a dit Adeline sur le banc. Sainte Vipérine qui se flattait d'être invitée aux barbecues, Sainte Vipérine qui se vantait d'être l'amie des gens « de la haute », Sainte Vipérine qui se targuait d'être dans le secret des dieux entendez des ministres. Sa langue venimeuse pendait lamentablement. La femme rasait les murs, s'asseyait au dernier rang lors des enterrements, n'osait plus s'avancer pour communier. Elle s'effaçait. Si elle avait pu, elle serait passée entre le mur et l'affiche. Tout en compatissant sincèrement à son malheur, les Joyeuses Copines se frottaient les mains en pensée. Ouf, celle-là était calmée pour longtemps, son venin ne giclerait plus n'importe quand sur n'importe qui.

Il fallut quelques mois, jusqu'en juillet exactement, pour que le village retrouve un semblant de paix intérieure. La veuve a vendu sa villa, elle est partie avec ses enfants chez ses parents. Les cancanières ont trouvé d'autres sujets à dénigrer.

Les bancs de la place sont occupés par les adolescents en vacances.

Et voilà qu'en plein été, une autre maison se retrouve mise en vente, la maison de l'instituteur si gentil qui s'occupait de ses élèves même pendant les vacances.

– Tiens, notre village n'est plus assez bien pour eux ?

Les potinbourgeois n'étaient pas à une contradiction près. Ils ne voulaient pas d'étrangers chez eux mais se vexaient si on avait l'air de ne pas apprécier leur village unique au monde, à leurs yeux.

– La roue tourne.

Épilogue

Potinbourg est retombé dans l'oubli et coule des jours paisibles entre clabaudages et rigolades.

L'école s'est agrandie, on a construit deux ailes supplémentaires.

Sainte Vipérine est dans un home, pas loin de chez elle. Ses enfants l'ont « placée » car elle était trop difficile à contenter.

L'instituteur a vendu sa maison, il voulait partir à l'étranger. Il a été dénoncé par des enfants devenus grands. Il a été arrêté pour tentative de viol aggravé sur mineurs sur lesquels il avait autorité.

La femme du banquier rembourse la banque avec l'aide de ses parents et de sa famille.